G000296719

ATLAS ROUTIER

France

1/1 000 000 - 1 cm - 10 km

Index des localités

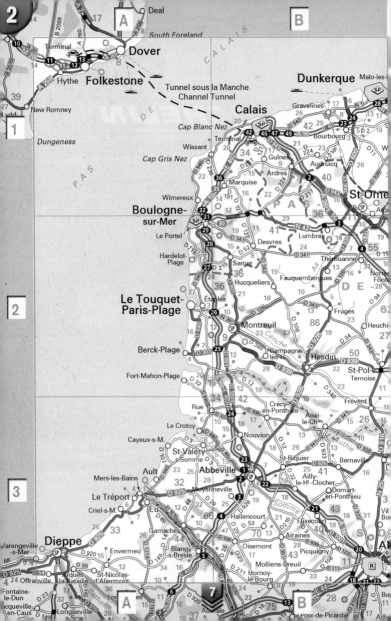

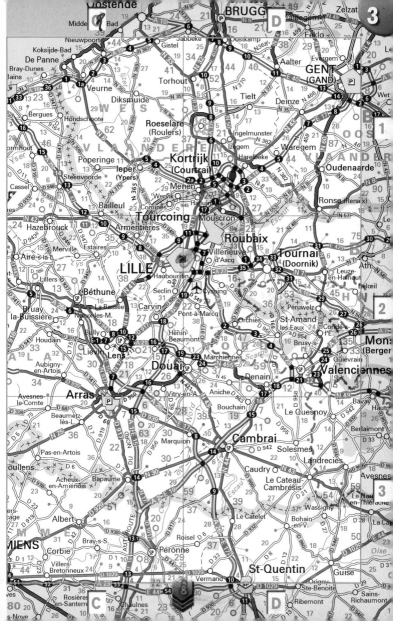

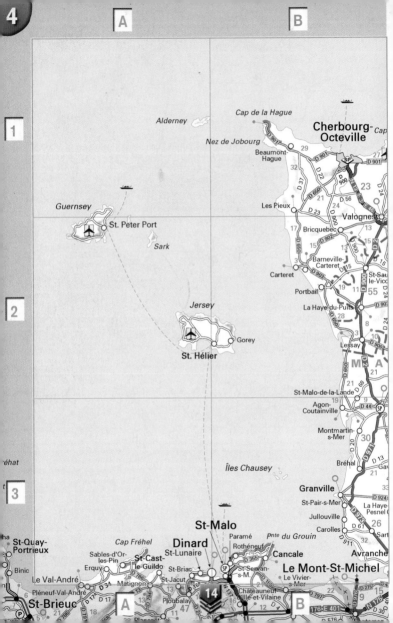

A   **B**

1

Alderney

Cap de la Hague

Cherbourg-Octeville Cap

Nez de Jobourg

Beaumont-Hague

29

D 901

32

D 37

D 901

23

D 901

D 24

D 900

27

Guernsey

Les Pieux

D 23

D 900

24

D 56

St. Peter Port

17

Bricquebec

13

Sark

15

13

Valognes

D 650

13

D 900

Barneville-Carteret

3

D 115

St-Sau-le-Vic

Carteret

D 903

19

11

55

Portbail

D 900

Jersey

La Haye-du-Puits

D 903

2

28

8

D 24

Gorey

St. Hélier

Lessay

10

D 900

21

M   A

St-Malo-de-la-Lande

19

D 44

Agon-Coutainville

4

Montmartins-Mer

D 20

D 971

30

éhat

Îles Chausey

Bréhal

D 13

Ga

21

3

Granville

D 924

St-Pair-s-Mer

La Haye-Pesnel

St-Quay-Portrieux

Jullouville

D 61

26

Carolles

D 911

Sart

St-Malo

Paramé

Pnte du Grouin

Avranche

Binic

Cap Fréhel

Dinard

Rothéneuf

St-Lunaire

Sables-d'Or-les-Pin

St-Cast-le-Guildo

D 355

Cancale

Le Val-André

Erquy

St-Briac

St-Servan-s-M.

Le Mont-St-Michel

Pléneuf-Val-André

Matignon

St-Jacut

Châteauneuf-Ille-et-Vilaine

Le Vivier-s-Mer

D 275

6

P

D 34

D 786

14

D 797

22

9

15

St-Brieuc

21

D 17

D 17

Ploubalay

11

47

12

D 4

176•E 401

D 30

D 576

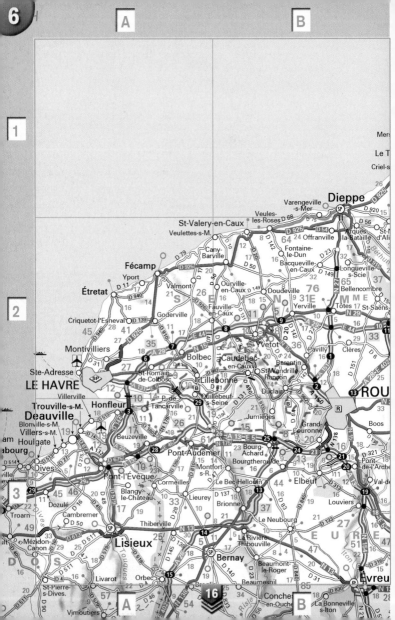

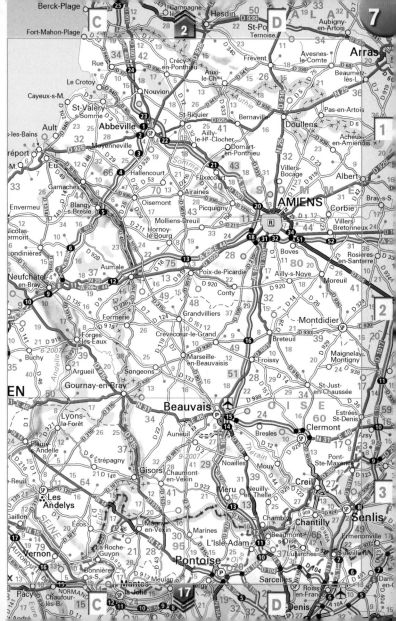

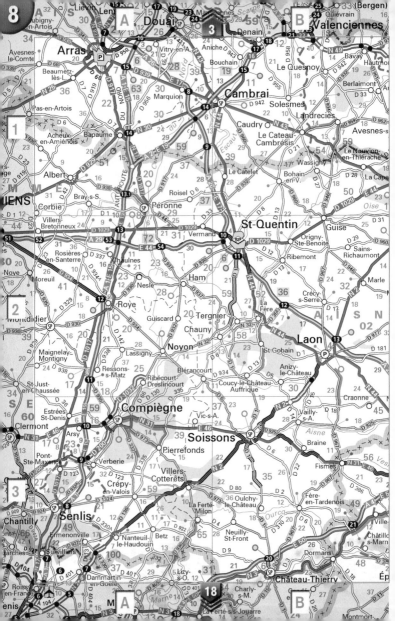

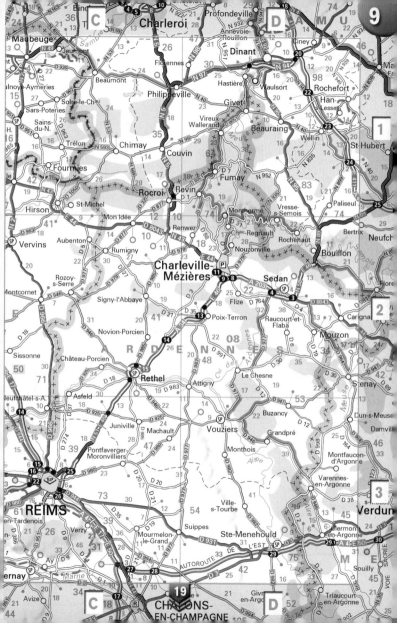

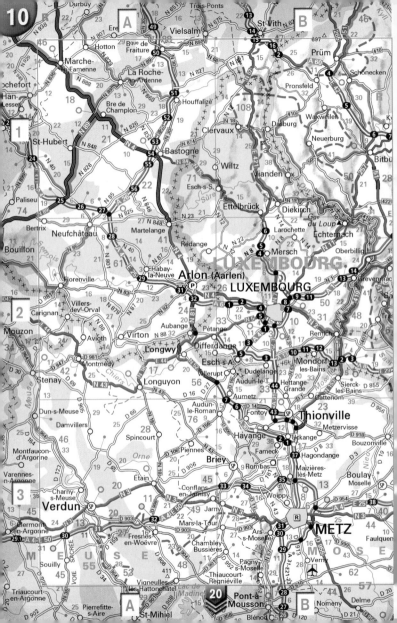

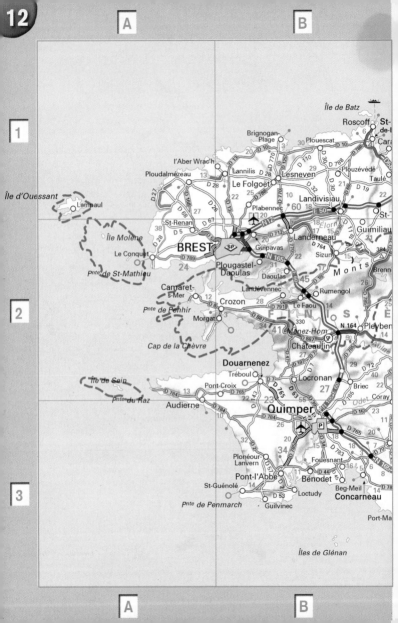

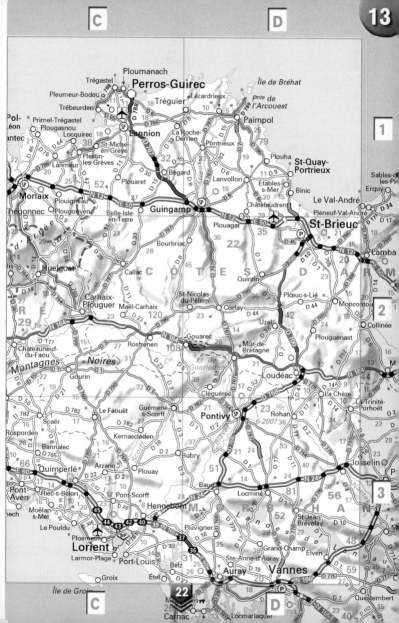

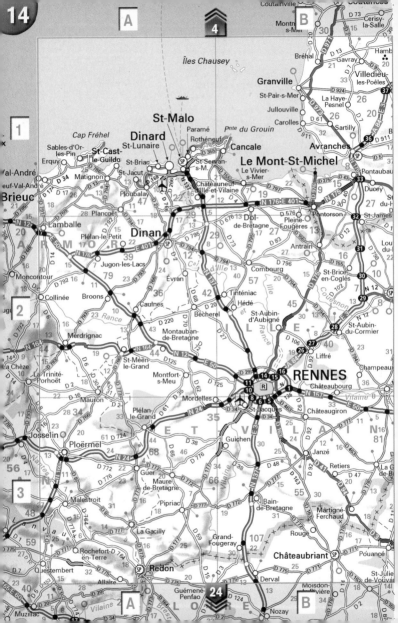

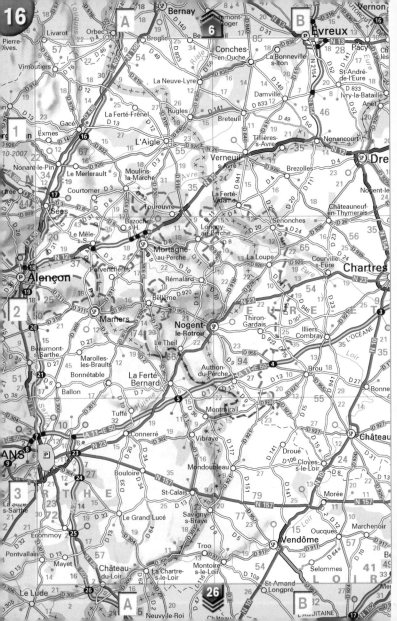

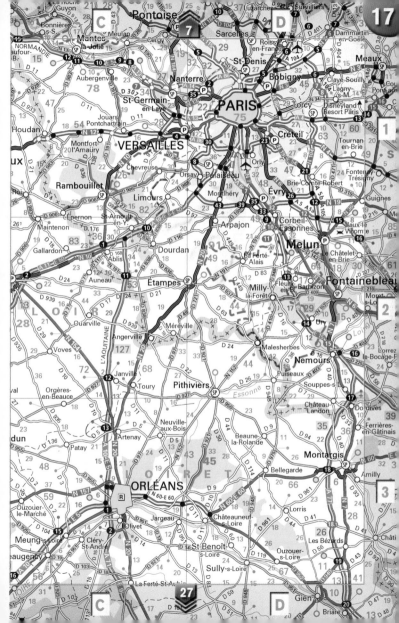

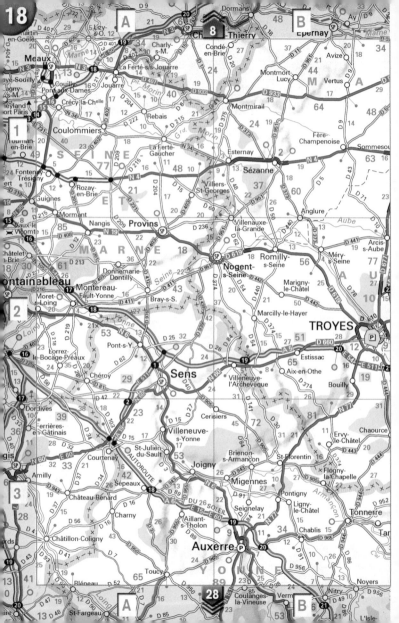

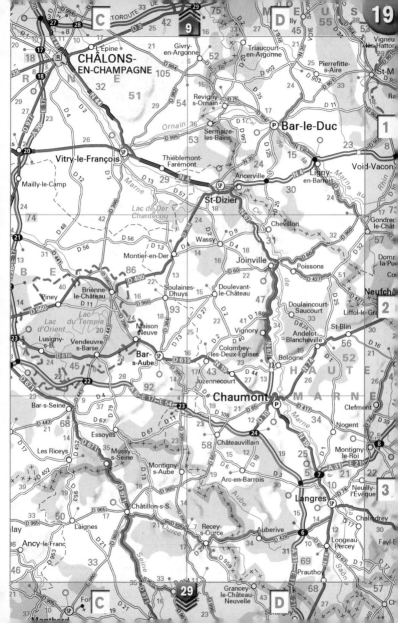

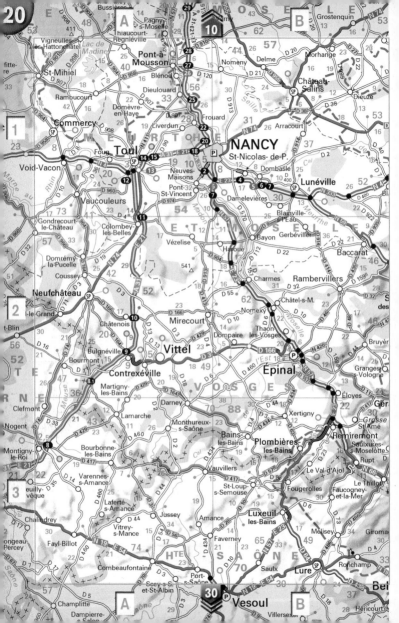

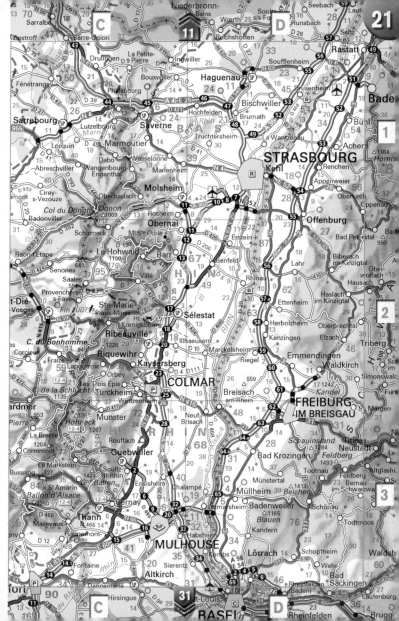

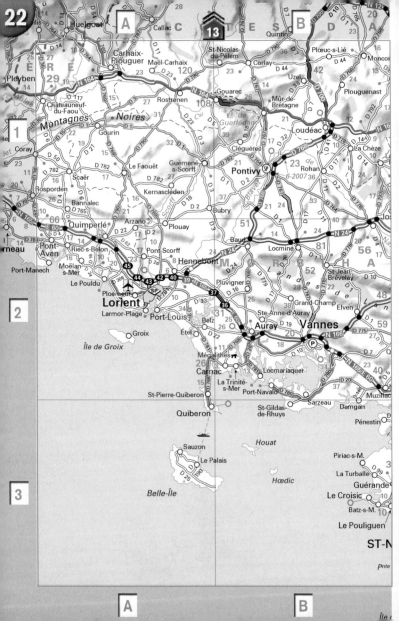

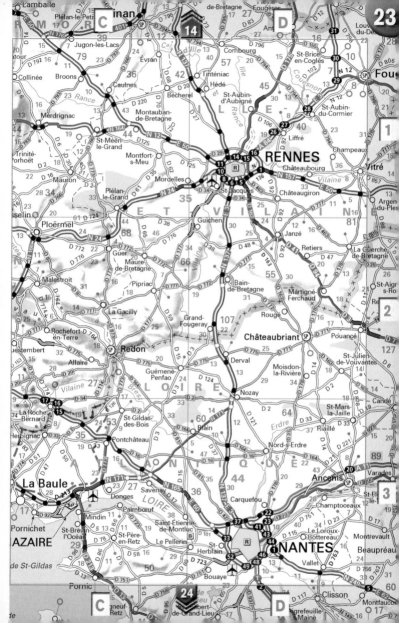

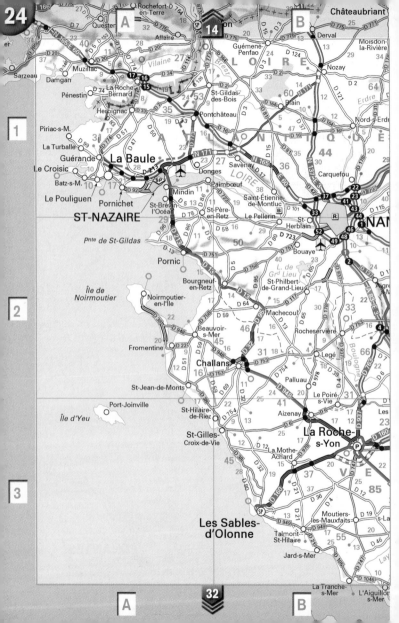

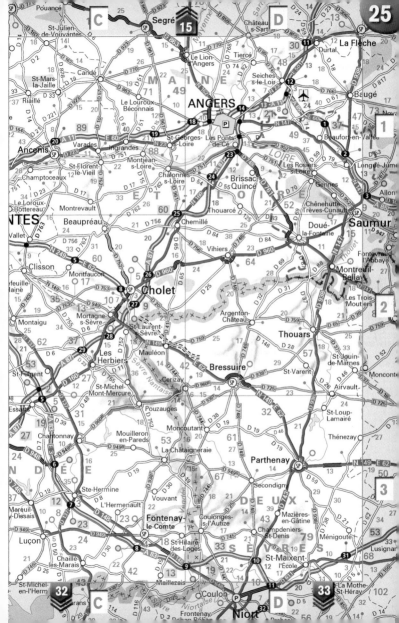

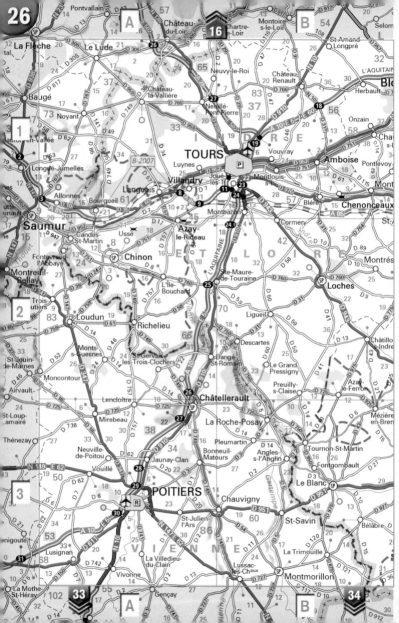

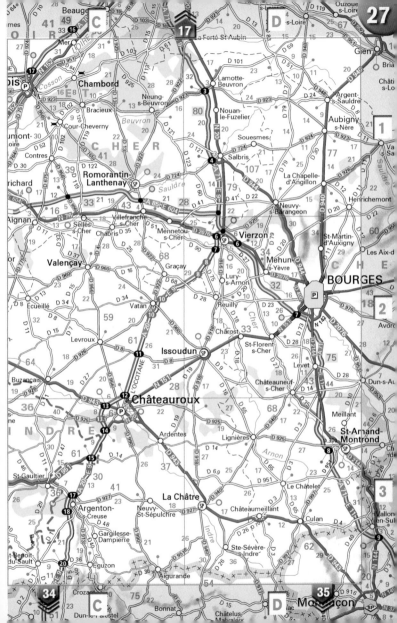

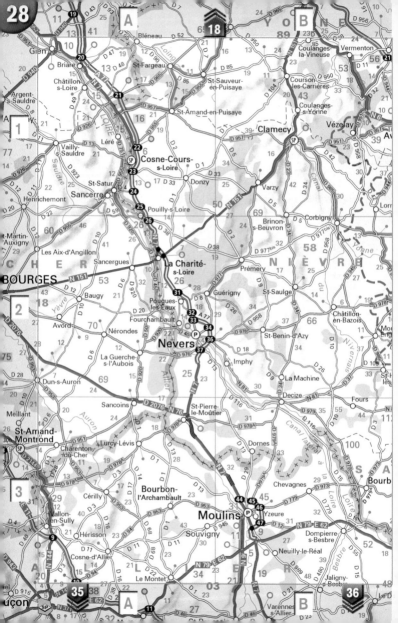

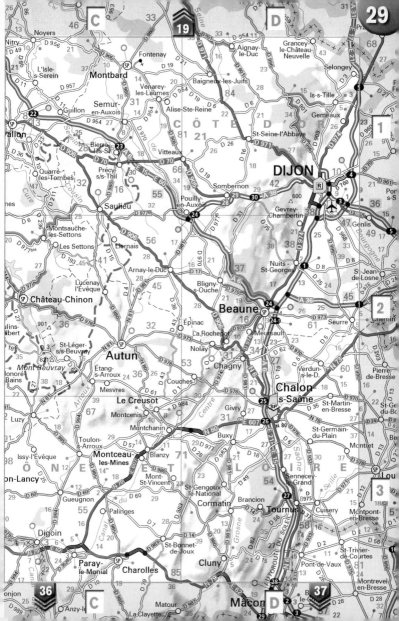

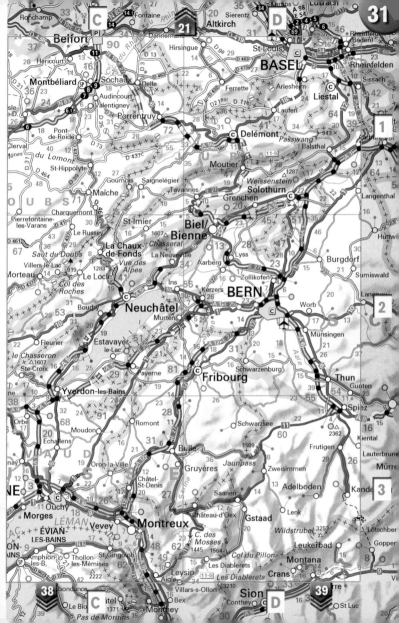

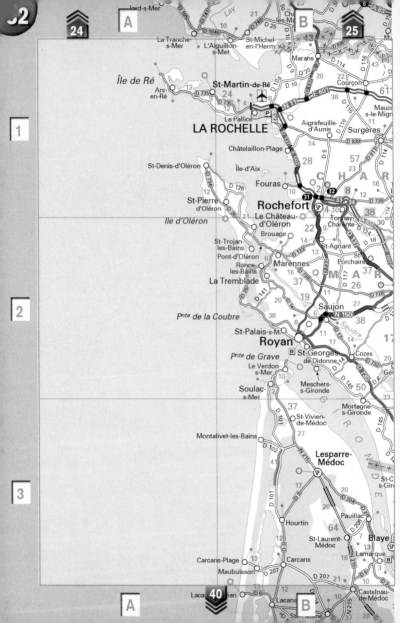

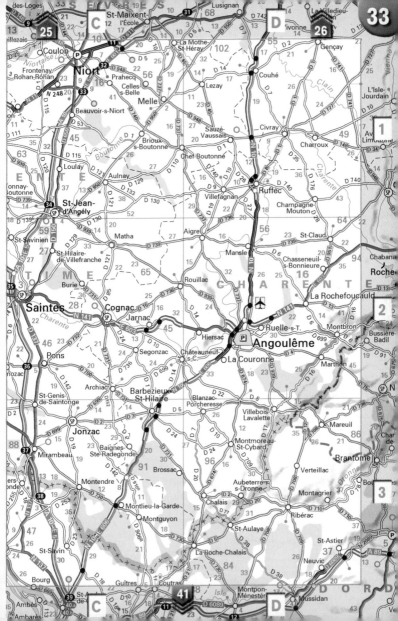

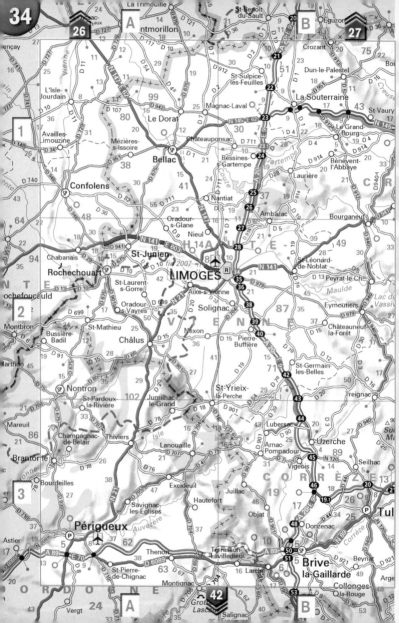

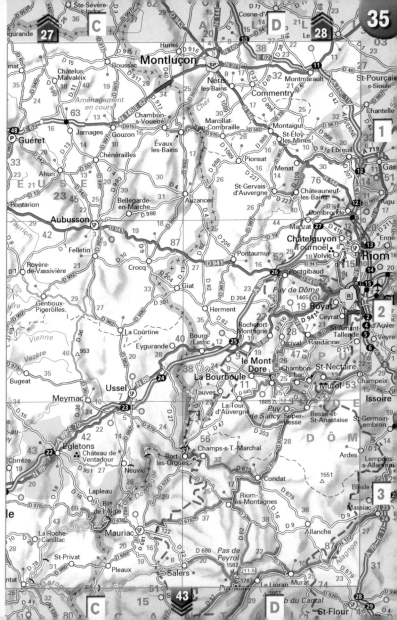

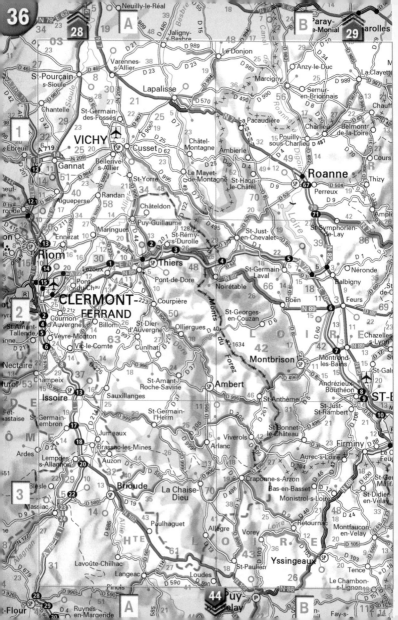

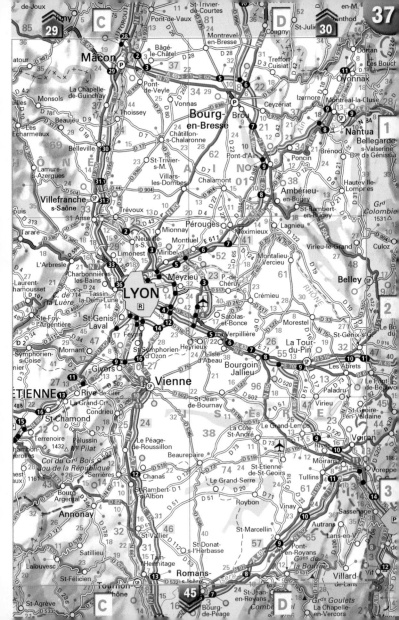

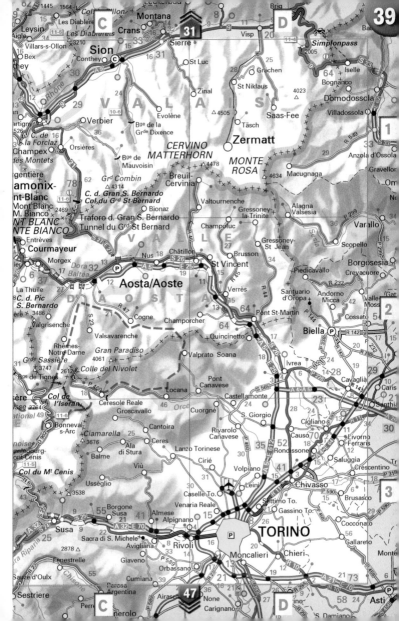

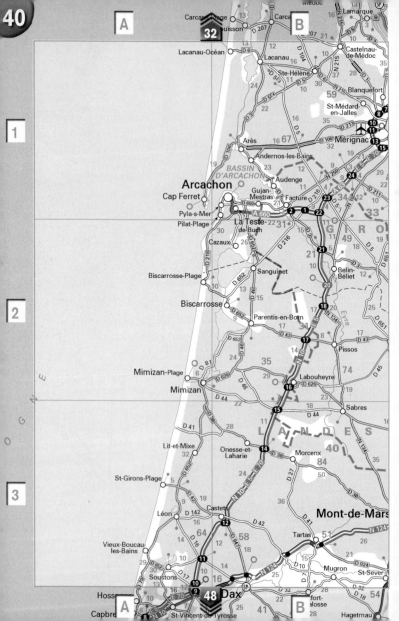

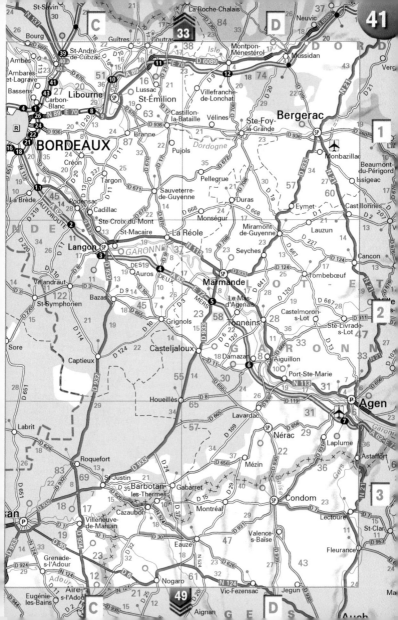

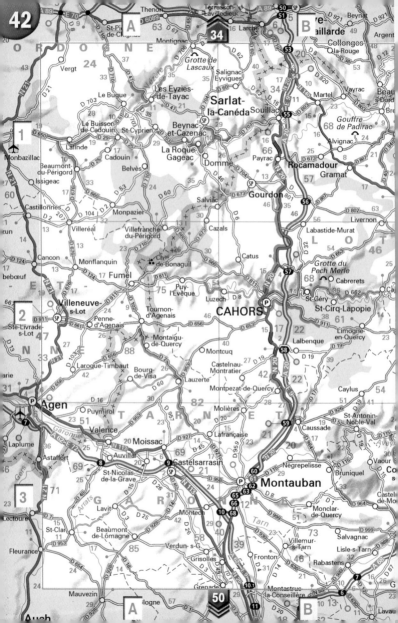

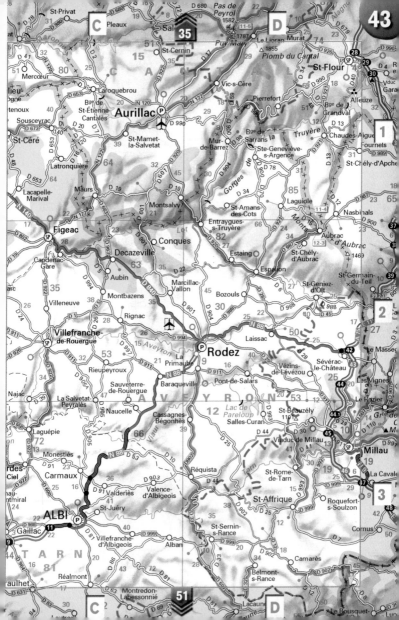

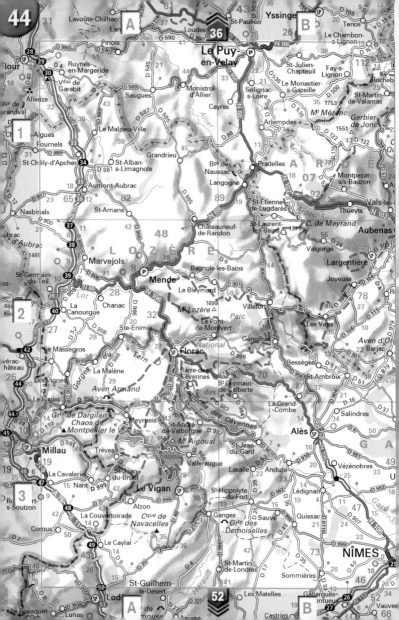

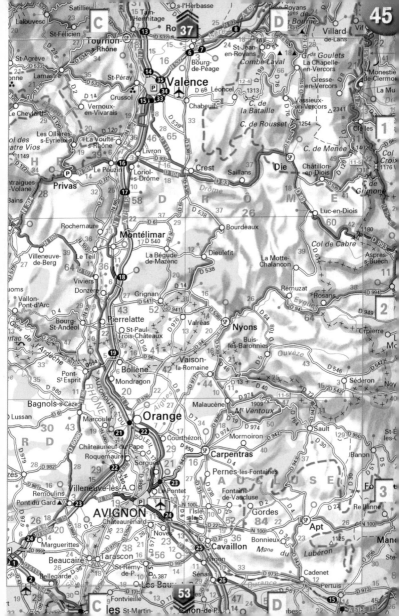

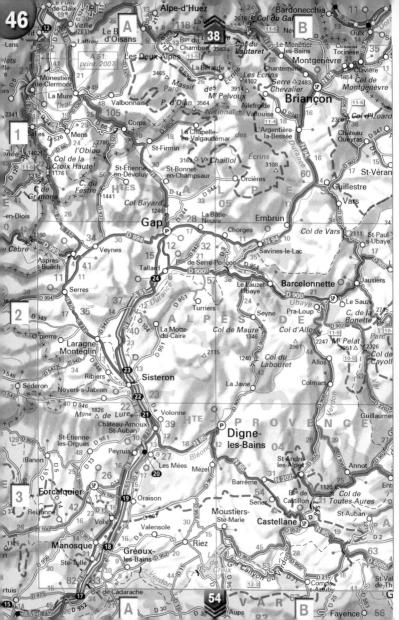

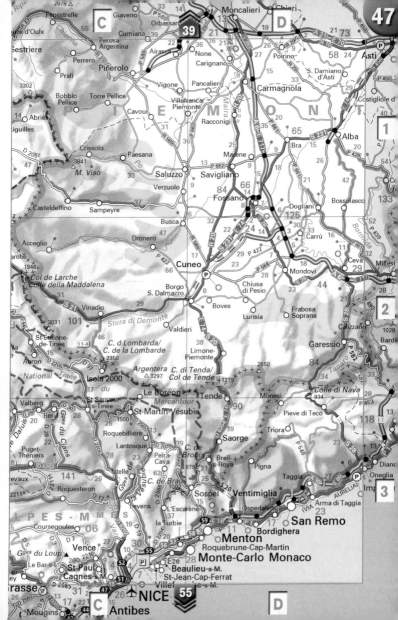

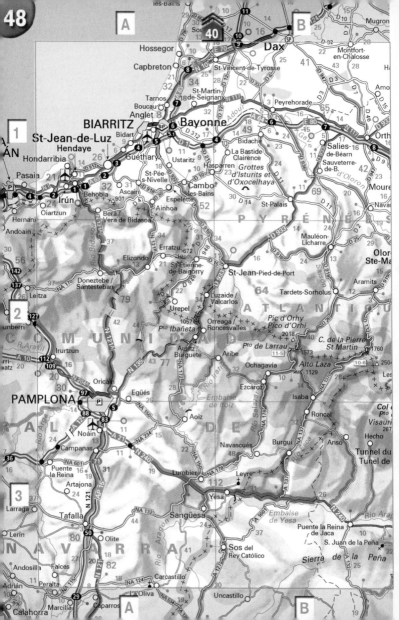

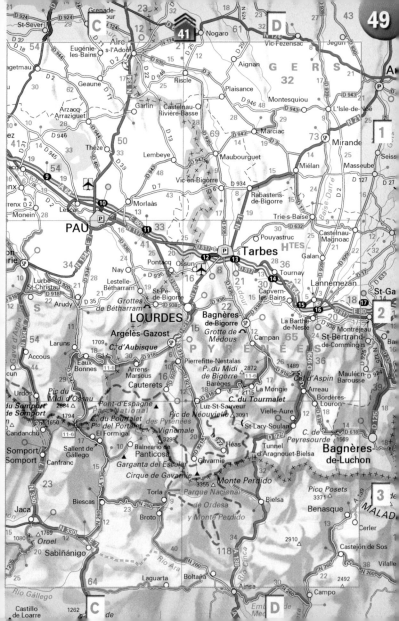

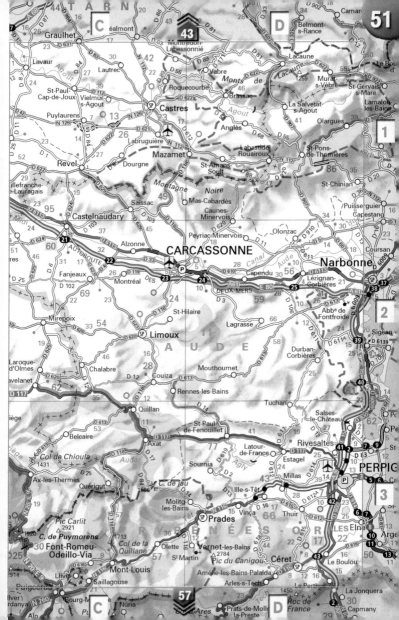

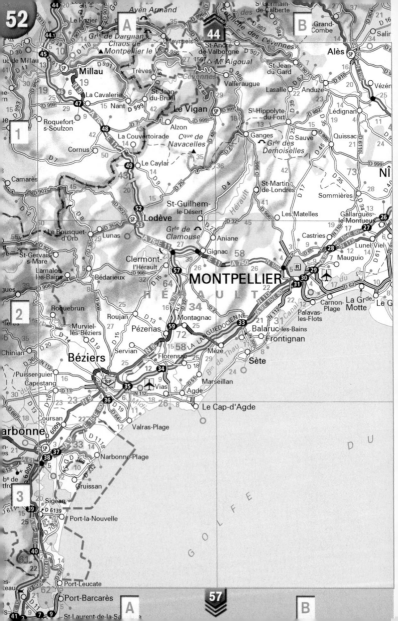

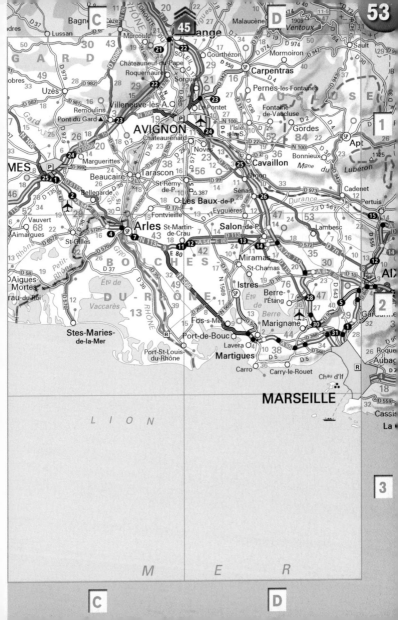

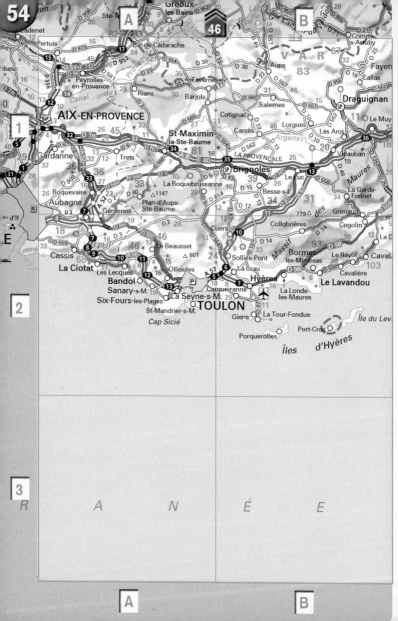

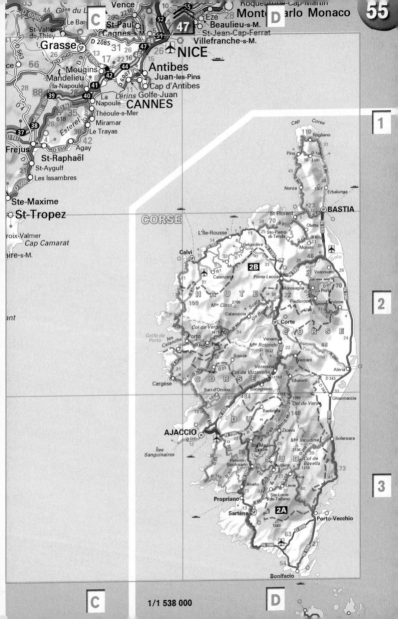

Roquebrune-Cap-Martin
Monte-Carlo Monaco **D**
Èze
Beaulieu-s.-M.
St-Jean-Cap-Ferrat
Villefranche-s.-M.

Vence
St-Paul **C**
Le Bar-
St-Vallier-
de-Thiey
D 2085
Cagnes-s.-M.
52
47
Grasse
D 2562
NICE
56
Mougins
Mandelieu-
42
Antibes
la-Napoule
Juan-les-Pins
Cap d'Antibes
Golfe-Juan
La
Napoule
Lérins
CANNES
Théoule-s.-Mer
Miramar
Le Trayas
38
Esterel
37
Agay
Fréjus
D 559
St-Raphaël
St-Aygulf
Les Issambres

Ste-Maxime
St-Tropez

roix-Valmer
Cap Camarat

aire-s.-M.

CORSE

Cap   Corse   **1**
110
Rogliano
Pino
Luri
Nonza
1307
Erbalunga

L'Île-Rousse
St-Florent
BASTIA
Oletta
Ste-Pietro-
di-Tenda
Murato
Belgodère
Calvi
Ponte-Leccia
Vescovato
2B
Calenzana
Morosaglia
La Porta
HAUTE
Piedicroce
Carvione
Mte Cinto
2706
Scala di
Santa Regina
Calacuccia
2
Col de Vergio
CORSE
Corte
1477
Golfe de
Porto
les
Calanche
Porto
Venaco
Mte Rotondo
2622
Aléria
Piana
Soccia
Vizzavona
Vezzani
Col de Vizzavona
1163
Cargèse
Vico
CORSE
Sari-d'Orcino
Bocognano
Ghisoni
Ghisonaccia
Bastelica
Col de Verde
DU
140
AJACCIO
Zicavo
Solenzara
Mte Incudine
2136
Col de
Bavella
Petreto-
Bicchisano
Aullène
1218
Îles
Sanguinaires
SUD
Olmeto
Zenza
Propriano
Ste-Lucie-
de-Tallano
Sartène
2A
Porto-Vecchio

Bonifacio

Distance table (triangular matrix) of French cities.

Amiens	Angers	Bayonne	Besançon	Bordeaux	Brest	Caen	Calais	Cherbourg	Clermont-Ferrand	Dijon	Grenoble	Le Havre	Lille	Limoges	Lyon	Le
431																
901	524															
505	663	897														
716	338	183	696													
617	380	812	962	625												
242	249	760	636	574	379											
161	514	1056	607	870	718	340										
366	304	832	759	645	401	126	466									
556	460	558	342	371	804	599	712	723								
458	566	833	92	646	868	546	573	669	281							
709	741	825	311	667	1119	796	854	920	297	295						
181	301	812	599	626	466	91	278	214	562	505	760					
123	519	989	540	803	756	381	114	504	644	506	790	321				
528	260	409	495	222	612	461	684	586	218	434	513	533	617			
605	574	728	225	542	1015	692	750	815	172	191	105	655	683	388		
343	97	608	573	421	403	159	424	284	403	479	734	207	432	297	625	
916	919	699	536	647	1270	1004	1062	1127	476	502	273	966	995	617	314	861
360	617	1088	263	901	919	573	462	696	546	269	565	538	370	714	457	529
880	784	536	527	484	1107	923	1036	1046	333	494	300	885	969	446	305	726
549	732	1020	130	834	1034	712	651	835	468	218	432	675	584	619	370	644
379	590	1031	204	844	892	557	481	680	493	216	512	519	425	612	404	501
518	88	509	748	323	299	295	599	316	549	654	828	382	607	307	662	184
1073	1077	857	693	804	1428	1161	1219	1284	633	660	334	1124	1152	774	471	1019
269	219	644	396	458	552	312	425	435	297	302	557	274	358	268	448	143
142	294	765	405	579	596	236	290	359	420	311	566	198	223	391	457	206
980	780	498	670	446	1069	948	1136	1088	433	637	444	985	1069	491	448	785
173	431	901	334	715	733	386	275	510	556	301	597	352	208	527	488	342
428	130	624	715	437	246	188	529	210	557	621	875	275	566	389	767	154
119	294	799	534	613	499	124	217	247	497	440	695	87	258	468	587	205
664	589	702	283	516	933	751	809	874	146	250	154	714	742	362	61	531
519	776	1133	243	946	1078	732	621	855	580	330	535	697	530	731	482	688
980	983	763	599	711	1334	1067	1125	1191	540	566	328	1030	1058	680	377	925
815	578	299	757	244	867	746	970	887	374	724	530	820	903	289	535	583
375	108	532	514	346	493	249	531	373	334	420	613	297	464	210	447	85

DISTANCES ENTRE PRINCIPALES VILLES

Les distances sont comptées à partir du centre-ville et par la route la plus pratique, c'est-à-dire celle qui offre les meilleures conditions de roulage, mais qui n'est pas nécessairement la plus courte.

Marseille - Strasbourg **794 km**

	Mans	Marseille	Metz	Montpellier	Mulhouse	Nancy	Nantes	Nice	Orléans	Paris	Perpignan	Reims	Rennes	Rouen	Saint-Étienne	Strasbourg	Toulon
Marseille	768																
Metz	175	759															
Montpellier	681	232	670														
Mulhouse	715	58	704	174													
Nancy	966	705	803	817	677												
Nantes	185	925	330	679	873	1126											
Nice	755	456	620	522	385	306	912										
Orléans	769	330	743	465	314	381	927	132									
Paris	319	902	156	817	850	767	476	719	843								
Perpignan	800	189	788	379	209	517	957	268	144	935							
Reims	1014	672	918	784	644	109	1172	303	349	880	486						
Rennes	898	476	820	604	454	380	1056	209	133	918	289	306					
Rouen	332	515	321	430	463	676	490	425	517	468	547	686	649				
Saint-Étienne	794	163	783	115	162	863	796	614	490	929	348	831	635	542			
Strasbourg	64	831	236	746	779	1032	149	819	833	383	863	1080	965	397	861		
Toulon	405	989	242	903	937	565	563	554	678	204	815	679	755	428	1018	471	
Toulouse	792	562	657	640	503	195	949	118	238	699	375	246	272	462	721	857	496

(Labels de la diagonale : Toulouse, Tours)

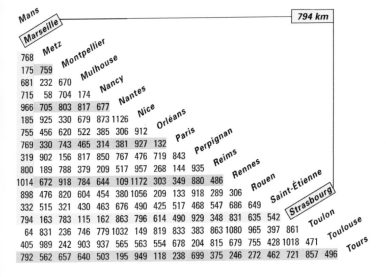

RÉPERTOIRE DES NOMS DE LIEUX

12 B2 : Renvoi à la page de l'atlas et coordonnées de carroyages

A

Abbeville	**2** B3
L'Aber-Wrac'h	**12** A1
Ablis	**17** C2
Abondance	**38** B1
Abreschviller	**21** C1
Les Abrets	**37** D2
Abriès	**47** C1
Accous	**49** C2
Acheux-en-Amiénois	**3** C3
Agay	**55** C1
Agde	**52** A3
Agen	**41** D3
Agon-Coutainville	**4** B3
Ahun	**35** C1
L'Aigle	**16** A1
Aigle (Barrage de l')	**35** C3
Aignan	**49** D1
Aignay-le-Duc	**29** D1
Aigoual (Mont)	**44** A3
Aigre	**33** D2
Aigrefeuille-d'Aunis	**32** B1
Aigrefeuille-sur-Maine	**24** B2
Aiguebelette-le-Lac	**38** A2
Aiguebelle	**38** B2
Aigueperse	**36** A1
Aigues-Mortes	**52** B2
Aiguilles	**47** C1
Aiguillon	**41** D2
L'Aiguillon-sur-Mer	**32** B1
Aigurande	**27** C3
Ailefroide	**46** B1
Aillant-sur-Tholon	**18** A3
Ailly-le-Haut-Clocher	**2** B3
Ailly-sur-Noye	**7** D2
Aimargues	**53** C2
Aime	**38** B2
Ainhoa	**48** A1
Airaines	**2** B3
Aire-sur-la-Lys	**3** C2
Aire-sur-l'Adour	**49** C1
Airvault	**25** D3
Aix (Île d')	**32** B1
Les Aix-d'Angillon	**28** A2
Aix-en-Othe	**18** B2

Aix-en-Provence	**54** A1
Aix-les-Bains	**38** A2
Aixe-sur-Vienne	**34** A2
Aizenay	**24** B3
Ajaccio	**55** D3
Alban	**43** C3
Albens	**38** A2
Albert	**3** C3
Albertville	**38** B2
Albestroff	**11** C3
Albi	**43** C3
Alby-sur-Chéran	**38** A2
Alençon	**15** D2
Aléria	**55** D2
Alès	**44** B3
Alise-Ste-Reine	**29** D1
Allaire	**14** A3
Allanche	**35** D3
Allègre	**36** B3
Alleuze	**43** D1
Allevard	**38** A3
Allonnes	**26** A1
Allos	**46** B2
Allos (Col d')	**46** B2
Alpe-d'Huez	**38** A3
Altkirch	**21** C3
Alvignac	**42** B1
Alzon	**44** A3
Alzonne	**51** C2
Amance	**20** B3
Amancey	**30** B2
Ambarès-et-Lagrave	**41** C1
Ambazac	**34** B2
Ambérieu-en-Bugey	**37** D1
Ambert	**36** B2
Ambès	**41** C1
Ambierle	**36** B1
Amboise	**26** B1
Ambrières-les-Vallées	**15** C2
Amélie-les-Bains-Palalda	**51** D3
Amiens	**2** B3
Amilly	**18** A3
Amou	**48** B1
Amphion-les-Bains	**31** C3
Amplepuis	**36** B1
Ancenis	**23** D3
Ancerville	**19** D1

Ancy-le-Franc	**19** C3
Andelot	**19** D2
Les Andelys	**7** C3
Andernos-les-Bains	**40** B1
Andrézieux-Bouthéon	**36** B2
Anduze	**44** B3
Anet	**17** C1
Angers	**25** D1
Angerville	**17** C2
Anglés	**51** D1
Angles-sur-l'Anglin	**26** B3
Anglet	**48** A1
Anglure	**18** B1
Angoulême	**33** D2
Aniane	**52** A2
Aniche	**3** D2
Anizy-le-Château	**8** B3
Annecy	**38** A2
Annemasse	**38** A1
Annonay	**37** C3
Annot	**46** B3
Anse	**37** C2
Antibes	**55** C1
Antibes (Cap d')	**55** C1
Antraigues-sur-Volane	**45** C1
Antrain	**14** B2
Anzy-le-Duc	**36** B1
Apt	**45** D3
Aramits	**48** B2
Aravis (Col des)	**38** B2
Arbois	**30** B2
L'Arbresle	**37** C2
Arc-en-Barrois	**19** D3
Arcachon	**40** B1
Archiac	**33** C2
Arcis-sur-Aube	**19** C2
L'Arcouest (Pointe de)	**13** D1
Les Arcs (Savoie)	**38** B2
Les Arcs (Var)	**54** B1
Ardentes	**27** C3
Ardes	**36** A3
Ardres	**2** B1
Arès	**40** B1
Ares (Col des)	**50** A2
Argelès-Gazost	**49** C2
Argelès-sur-Mer	**57** D3
Argent-sur-Sauldre	**27** D1

Argentan ... **15** D1
Argentat ... **35** C3
Argentière ... **39** C1
L'Argentière-la-Bessée ... **46** B1
Argenton-Château ... **25** D2
Argenton-sur-Creuse ... **27** C3
Argentré-du-Plessis ... **15** C3
Argueil ... **7** C2
Arinthod ... **30** A3
Arlanc ... **36** B3
Arlempdes ... **44** B1
Arles ... **51** D3
Arles-sur-Tech ... **57** C3
Armentières ... **3** C2
Arnac-Pompadour ... **34** B3
Arnay-le-Duc ... **29** D2
Arpajon ... **17** D1
Arques ... **2** B1
Arques-la-Bataille ... **2** A3
Arracourt ... **20** B1
Arras ... **3** C3
Arreau ... **49** D2
Arrens-Marsous ... **49** C2
Arromanches-les-Bains ... **5** D2
Ars-en-Ré ... **32** A1
Ars-sur-Moselle ... **10** B3
Arsy ... **8** A3
Artenay ... **17** C3
Arudy ... **49** C2
Arzacq-Arraziguet ... **49** C1
Arzano ... **13** C3
Ascain ... **48** A1
Asco ... **55** D2
Asfeld ... **9** C2
Aspet ... **50** A2
Aspin (Col d') ... **49** D2
Astaffort ... **42** A3
Attigny ... **9** D2
Aubagne ... **54** A2
Aubenas ... **45** C2
Aubenton ... **9** C2
Aubergenville ... **17** C1
Auberive ... **19** D3
Aubeterre-sur-Dronne ... **33** D3
Aubigny-sur-Nère ... **27** D1
Aubin ... **43** C2
Aubisque (Col d') ... **49** C2
Aubrac ... **43** D2
Aubusson ... **35** C2
Auch ... **50** A1
Audenge ... **40** B1
Audeux ... **30** B1

Audierne ... **12** A2
Audincourt ... **31** C1
Audruicq ... **2** B1
Audun-le-Roman ... **10** A3
Audun-le-Tiche ... **10** B2
Aullène ... **55** D3
Aulnay ... **33** C1
Aulnoye-Aymeries ... **8** B1
Ault ... **2** A3
Aulus-les-Bains ... **50** B3
Aumale ... **7** C2
Aumetz ... **10** B3
Aumont-Aubrac ... **44** A1
Aunay-sur-Odon ... **5** D3
Auneau ... **17** C2
Auneuil ... **7** D3
Aups ... **54** B1
Auray ... **13** D3
Aurec-sur-Loire ... **36** B3
Aurignac ... **50** A2
Aurillac ... **43** C1
Auron ... **47** C2
Auros ... **41** C2
Auterive ... **50** B1
Authon-du-Perche ... **16** B2
Autrans ... **37** D3
Autrey-lès-Gray ... **30** A1
Autun ... **29** C2
Auvillar ... **42** A3
Auxerre ... **18** B3
Auxi-le-Château ... **2** B3
Auxonne ... **30** A2
Auzances ... **35** D1
Auzon ... **36** A3
Availles-Limouzine ... **34** A1
Avallon ... **29** C1
Aven Armand ... **44** A2
Avesnes-le-Comte ... **3** C3
Avesnes-sur-Helpe ... **9** C1
Avignon ... **45** C2
Avioth ... **10** A2
Avize ... **18** B1
Avord ... **28** A2
Avoriaz ... **38** B1
Avranches ... **5** C3
Ax-les-Thermes ... **51** C3
Axat ... **51** C3
Ay ... **9** C3
Azay-le-Ferron ... **26** B2
Azay-le-Rideau ... **26** A2

B

Baccarat ... **20** B2
Bacqueville-en-Caux ... **6** B2
Badonviller ... **21** C1
Bâgé-le-Châtel ... **37** C1
Bagnères-de-Bigorre ... **49** D2
Bagnères-de-Luchon ... **50** A3
Bagnoles-de-l'Orne ... **15** D1
Bagnols-les-Bains ... **44** A2
Bagnols-sur-Cèze ... **45** C2
Baignes-Ste-Radegonde ... **33** C3
Baigneux-les-Juifs ... **29** D1
Bailleul ... **3** C1
Bain-de-Bretagne ... **14** B3
Bains-les-Bains ... **20** B3
Bais ... **15** D2
Balaruc-les-Bains ... **52** B2
Balbigny ... **36** B2
Balleroy ... **5** C2
Ballon ... **16** A2
Ballon d'Alsace ... **21** C3
Bandol ... **54** A2
Bannalec ... **13** C3
Banon ... **46** A3
Banyuls-sur-Mer ... **57** D3
Bapaume ... **3** C3
Bar-le-Duc ... **19** D1
Bar-sur-Aube ... **19** C2
Le Bar-sur-Loup ... **47** C3
Bar-sur-Seine ... **19** C3
Baraqueville ... **43** C2
Barbazan ... **50** A2
Barbezieux ... **33** C3
Barbizon ... **17** D2
Barbotan-les-Thermes ... **41** C3
Barcelonnette ... **46** B2
Barèges ... **49** D2
Barentin ... **6** B2
Barenton ... **15** C1
Barfleur ... **5** C1
Barfleur (Pointe de) ... **5** C1
Barjac ... **45** C2
Barjols ... **54** A1
Barneville-Carteret ... **4** B2
Barr ... **21** D2
Barre-des-Cévennes ... **44** A2
Barrême ... **46** B3
La Barthe-de-Neste ... **49** D2
Bas-en-Basset ... **36** B3
La Bassée ... **3** C2

Bassens	41 C1	
Bastelica	55 D3	
Bastia	55 D1	
La Bastide-Clairence	48 B1	
La Bastide-de-Sérou	50 B2	
Bataille (Col de la)	45 D1	
La Bâtie-Neuve	46 B2	
Batz (Ile de)	12 B1	
Batz-sur-Mer	22 B3	
Baud	13 D3	
Baugé	25 D1	
Baugy	28 A2	
La Baule	23 C3	
Baume (Cirque de)	30 A3	
Baume-les-Dames	30 B1	
Les Baux-de-Provence	53 C1	
Bavay	8 B1	
Bavella (Col de)	55 D3	
Bayard (Col)	46 A1	
Bayeux	5 D2	
Bayon	20 B2	
Bayonne	48 A1	
Bazas	41 C2	
Bazoches-sur-Hoëne	16 A2	
Beaucaire	45 C3	
Beaufort (Jura)	30 A3	
Beaufort (Savoie)	38 B2	
Beaufort-en-Vallée	25 D1	
Beaugency	17 C3	
Beaujeu	37 C1	
Beaulieu-sur-Dordogne	42 B1	
Beaulieu-sur-Mer	47 D3	
Beaumesnil	16 A1	
Beaumetz-lès-Loges	3 C3	
Beaumont-de-Lomagne	42 A3	
Beaumont-du-Périgord	42 A1	
Beaumont-Hague	4 B1	
Beaumont-le-Roger	6 B3	
Beaumont-sur-Oise	7 D3	
Beaumont-sur-Sarthe	15 D2	
Beaune	29 D2	
Beaune-la-Rolande	17 D3	
Beaupréau	25 C2	
Beaurepaire	37 D3	
Beaurepaire-en-Bresse	30 A3	
Le Beausset	54 A2	
Beauvais	7 D3	
Beauvoir-sur-Mer	24 A2	
Beauvoir-sur-Niort	33 C1	
Le Bec-Hellouin	6 B3	
Bécherel	14 A2	
Bédarieux	52 A2	
Beg-Meil	12 B3	
Bégard	13 C1	
La Bégude-de-Mazenc	45 C2	
Bélâbre	26 B3	
Belcaire	51 C3	
Belfort	21 C1	
Belgodère	55 D2	
Belin-Béliet	40 B2	
Belle-Isle-en-Terre	13 C1	
Bellegarde (Gard)	53 C1	
Bellegarde (Loiret)	17 D3	
Bellegarde-en-Marche	35 C1	
Bellegarde-sur-Valserine	38 A1	
Bellême	16 A2	
Bellencombre	7 C2	
Bellerive-sur-Allier	36 A1	
Belleville	37 C1	
Belley	38 A2	
Belmont-de-la-Loire	36 B1	
Belmont-sur-Rance	43 D3	
Belpech	51 C2	
Belvès	42 A1	
Belz	13 C3	
Bénévent-l'Abbaye	34 B1	
Benfeld	21 D2	
Bénodet	12 B3	
Le Bény-Bocage	5 C3	
La Bérarde	46 B1	
Berck-Plage	2 A2	
Bergerac	41 D1	
Bergues	3 C1	
Berlaimont	8 B1	
Bernaville	2 B3	
Bernay	6 B3	
Berre-l'Étang	53 D2	
Besançon	30 B1	
Besse-en-Chandesse	35 D3	
Besse-sur-Issole	54 B1	
Bessèges	44 B2	
Bessines-sur-Gartempe	34 B1	
Bétharram (Grottes de)	49 C2	
Béthune	3 C2	
Betz	8 A3	
Beuil	47 C3	
Beuvray (Mont)	29 C2	
Beuzeville	6 A3	
Beynac-et-Cazenac	42 A1	
Beynat	34 B3	
Les Bézards	17 D3	
Béziers	52 A2	
Biarritz	48 A1	
Bidache	48 B1	
Bidart	48 A1	
Bierné	15 C3	
Bierre-lès-Semur	29 C1	
Billom	36 A2	
Binic	13 D1	
Le Biot	38 B1	
Biscarrosse	40 B2	
Biscarrosse-Plage	40 A2	
Bischwiller	21 D1	
Bitche	11 D3	
Blagnac	50 B1	
Blain	23 D3	
Blainville-sur-l'Eau	20 B1	
Blâmont	21 C1	
Le Blanc	26 B3	
Blangy-le-Château	6 A3	
Blangy-sur-Bresle	2 A3	
Blanquefort	40 B1	
Blanzac	33 D3	
Blanzy	29 C3	
Blaye	33 C3	
Bléneau	28 A1	
Blénod-lès-Pont-à-Mousson	20 A1	
Blérancourt	8 A2	
Bléré	26 B1	
Blesle	36 A3	
Bletterans	30 A3	
Le Bleymard	44 B2	
Bligny-sur-Ouche	29 D2	
Blois	27 C1	
Blonville-sur-Mer	6 A3	
Bobigny	17 D1	
Bocognano	55 D2	
Boëge	38 B1	
Boën	36 B2	
Bohain-en-Vermandois	3 D3	
Bois-d'Amont	30 B3	
Bolbec	6 A2	
Bollène	45 C2	
Bologne	19 D2	
Bonaguil (Château de)	42 A2	
Bonifacio	55 D3	
Bonnat	35 C1	
Bonnétable	16 A2	
Bonneuil-Matours	26 A3	
Bonneval Eure-et-Loir	16 B2	
Bonneval Savoie	38 B2	
Bonneville	38 B1	
La Bonneville-sur-Iton	16 B1	
Bonnières-sur-Seine	7 C3	
Bonnieux	45 D3	

Boos	6	B3
Bordeaux	41	C1
Bordères-Louron	49	D2
Le Boréon	47	C2
Bormes-les-Mimosas	54	B2
Bort-les-Orgues	35	D3
Bouaye	23	D3
Boucau	48	A1
Bouchain	3	D1
Les Bouchoux	38	A1
Bouilly	18	B2
Boulay-Moselle	10	B3
Boulogne-sur-Gesse	50	A2
Boulogne-sur-Mer	2	A1
Bouloire	16	A3
Le Boulou	51	D3
Bourbon-Lancy	28	B3
Bourbon-l'Archambault	28	A3
Bourbonne-les-Bains	20	A3
La Bourboule	35	D2
Bourbourg	2	B1
Bourbriac	13	C2
Bourdeaux	45	D2
Bourdeilles	34	A3
Bourg	41	C1
Bourg-Achard	6	B3
Bourg-Argental	37	C3
Bourg-de-Péage	45	D1
Bourg-de-Visa	42	A2
Le Bourg-d'Oisans	38	A3
Bourg-en-Bresse	37	D1
Bourg-Lastic	35	D2
Bourg-Madame	56	B3
Bourg-St-Andéol	45	C2
Bourg-St-Maurice	38	B2
Bourganeuf	34	B2
Bourges	27	D2
Le Bourget-du-Lac	38	A2
Bourgneuf-en-Retz	24	B2
Bourgoin-Jallieu	37	D2
Bourgtheroulde-Infreville	6	B3
Bourgueil	26	A1
Bourmont	20	A2
Le Bousquet-d'Orb	52	A2
Boussac	35	C1
Boussens	50	A2
Bouxwiller	21	D1
Bouzonville	10	B3
Boves	7	D2
Bozel	38	B3
Bozouls	43	D2
Bracieux	27	C1
Braine	8	B3
Brancion	29	D3
Branne	41	C1
Brantôme	34	A3
Brassac	51	D1
Brassac-les-Mines	36	A3
Braus (Col de)	47	D3
Bray-Dunes	3	C1
Bray-sur-Seine	18	A2
Bray-sur-Somme	3	C3
Brécey	5	C3
La Brède	41	C1
Bréhal	4	B3
Bréhat (Ile de)	13	D1
Breil-sur-Roya	47	D3
Brennilis	12	B2
Brénod	37	D1
Bresles	7	D3
La Bresse	21	C3
Bressuire	25	D2
Brest	12	B2
Bretenoux	42	B1
Breteuil	7	D2
Breteuil-sur-Iton	16	B1
Brézolles	16	B1
Briançon	46	B1
Briare	28	A1
Bricquebec	4	B2
Brides-les-Bains	38	B3
Brie-Comte-Robert	17	D1
Briec	12	B2
Brienne-le-Château	19	C2
Brienon-sur-Armançon	18	B3
Briey	10	B3
Brignogan-Plages	12	B1
Brignoles	54	B1
Brinon-sur-Beuvron	28	B2
Brionne	6	B3
Brioude	36	A3
Brioux-sur-Boutonne	33	C1
Briouze	5	D3
Brissac-Quincé	25	D1
Brive-la-Gaillarde	34	B3
Broglie	16	A1
Broons	14	A2
Brossac	33	D3
Brou (Ain)	37	D1
Brou (Eure-et-Loir)	16	B2
Brouage	32	B2
Brouis (Col de)	47	D3
Bruay-la-Buissière	3	C2
Bruay-sur-l'Escaut	3	D2
Brûlon	15	D3
Brumath	21	D1
Bruniquel	42	B3
Bruyères	20	B2
Bubry	13	C3
Buchy	7	C2
Bugeat	35	C2
Le Bugue	42	A1
Buis-les-Baronnies	45	D2
Le Buisson-de-Cadouin	42	A1
Bulgnéville	20	A2
Bully-les-Mines	3	C2
Burie	33	C2
Bussang	21	C3
Bussière-Badil	34	A2
Buxy	29	D3
Buzançais	27	C2
Buzancy	9	D3

C

Les Cabannes	50	B3
Cabourg	5	D2
Cabre (Col de)	46	A2
Cabrerets	42	B2
Cadarache (Barrage de)	54	A1
Cadenet	53	D1
Cadillac	41	C1
Cadouin	42	A1
Caen	5	D2
Cagnes-sur-Mer	55	C1
Cahors	42	B2
Cajarc	42	B2
Calacuccia	55	D2
Calais	2	B1
Calenzana	55	D2
Callac	13	C2
Callas	54	B1
Calvi	55	D2
Camarès	43	D3
Camaret-sur-Mer	12	A2
Cambo-les-Bains	48	A1
Cambrai	3	D3
Cambremer	6	A3
Campagne-lès-Hesdin	2	B2
Campan	49	D2
Cancale	4	B3
Cancon	42	A2
Candé	25	C1
Candes-St-Martin	26	A2
Canet-Plage	57	D3

Canigou (Pic du)	**51** D3	
Canisy	**5** C2	
Cannes	**55** C1	
La Canourgue	**44** A2	
Cany-Barville	**6** B2	
Le Cap-d'Agde	**52** A3	
Cap-Ferret	**40** A1	
Capbreton	**48** A1	
Capdenac-Gare	**43** C2	
La Capelle	**9** C1	
Capendu	**51** D2	
Capestang	**52** A2	
Captieux	**41** C2	
Capvern	**49** D2	
Caraman	**51** C1	
Carantec	**12** B1	
Carbon-Blanc	**41** C1	
Carbonne	**50** B2	
Carcans	**32** B3	
Carcans-Plage	**32** B3	
Carcassonne	**51** D2	
Carcès	**54** B1	
Carentan	**5** C2	
Cargèse	**55** C2	
Carhaix-Plouguer	**13** C2	
Carignan	**9** D2	
Carling	**11** C3	
Carmaux	**43** C3	
Carnac	**22** B3	
Carnon-Plage	**52** B2	
Carolles	**4** B3	
Carpentras	**45** D3	
Carquefou	**23** D3	
Carqueiranne	**54** B2	
Carro	**53** D2	
Carrouges	**15** D1	
Carry-le-Rouet	**53** D2	
Carteret	**4** B2	
Carvin	**3** C2	
Cassagnes-Bégonhès	**43** C3	
Cassel	**3** C1	
Cassis	**54** A2	
Castanet-Tolosan	**50** B1	
Casteljaloux	**41** D2	
Castellane	**46** B3	
Castelmoron-sur-Lot	**41** D2	
Castelnau-de-Médoc	**40** B1	
Castelnau-de-Montmiral	**42** B3	
Castelnau-Magnoac	**49** D2	
Castelnau-Montratier	**42** B2	
Castelnau-Rivière-Basse	**49** D1	
Castelnaudary	**51** C2	
Castelsarrasin	**42** A3	
Castets	**40** B3	
Castillon (Barrage de)	**46** B3	
Castillon-en-Couserans	**50** A2	
Castillon-la-Bataille	**41** C1	
Castillonnès	**41** D1	
Castres	**51** C1	
Castries	**52** B2	
Le Cateau-Cambrésis	**3** D3	
Le Catelet	**3** D3	
Cattenom	**10** B3	
Catus	**42** B2	
Caudebec-en-Caux	**6** B2	
Caudry	**3** D3	
Caulnes	**14** A2	
Caumont-l'Éventé	**5** C2	
Caunes-Minervois	**51** D2	
Caussade	**42** B3	
Cauterets	**49** C2	
Cavaillon	**45** D3	
Cavalaire-sur-Mer	**54** B2	
La Cavalerie	**44** A3	
Cavalière	**54** B2	
Cayeux-sur-Mer	**2** A3	
Le Caylar	**44** A3	
Caylus	**42** B2	
La Cayolle (Col de)	**46** B2	
Cayres	**44** B1	
Cazals	**42** A2	
Cazaubon	**41** C3	
Cazaux	**40** B2	
Cazères	**50** A2	
Celles-sur-Belle	**33** C1	
Cerbère	**57** D3	
Céret	**51** D3	
Cergy	**7** D3	
Cérilly	**28** A3	
Cerisiers	**18** B3	
Cerisy-la-Salle	**5** C3	
Cerizay	**25** D2	
Cernay	**21** C3	
Cervione	**55** D2	
Ceyrat	**35** D2	
Ceyzériat	**37** D1	
Chabanais	**34** A2	
Chabeuil	**45** D1	
Chablis	**18** B3	
Chabris	**27** C2	
Chagny	**29** D2	
Chailland	**15** C2	
Chaillé-les-Marais	**25** C3	
La Chaise-Dieu	**36** B3	
Chalabre	**51** C2	
Chalais	**33** D3	
Chalamont	**37** D1	
Chalampé	**21** D3	
Chalindrey	**20** A3	
Challans	**24** B2	
Challes-les-Eaux	**38** A2	
Chalon-sur-Saône	**29** D3	
Chalonnes-sur-Loire	**25** C1	
Châlons-en-Champagne	**19** C1	
Châlus	**34** A2	
Chambéry	**38** A2	
Chambley-Bussières	**10** A3	
Chambly	**7** D3	
Chambon (Barrage du)	**38** A3	
Le Chambon-Feugerolles	**36** B3	
Chambon-sur-Lac	**35** D2	
Le Chambon-sur-Lignon	**44** B1	
Chambon-sur-Voueize	**35** C1	
Chambord	**27** C1	
La Chambre	**38** B3	
Chamonix-Mont-Blanc	**38** B1	
Champagnac-de-Belair	**34** A3	
Champagne-Mouton	**33** D1	
Champagnole	**30** B3	
Champdeniers-St-Denis	**25** D3	
Champeaux	**14** B2	
Champeix	**36** A2	
Champlitte-et-le-Prélot	**30** A1	
Champs-sur-Tarentaine	**35** D2	
Champtoceaux	**23** D3	
Chamrousse	**38** A3	
Chanac	**44** A2	
Chanas	**37** C3	
Chantelle	**36** A1	
Chantemerle	**46** B1	
Chantilly	**7** D3	
Chantonnay	**25** C3	
Chaource	**19** C3	
La Chapelle-d'Angillon	**27** D1	
La Chapelle-de-Guinchay	**37** D1	
La Chapelle-en-Valgaudémar	**46** B1	
La Chapelle-en-Vercors	**45** D1	
Charbonnières-les-Bains	**37** C2	
Charenton-du-Cher	**28** A3	
La Charité-sur-Loire	**28** A2	
Charleville-Mézières	**9** D2	
Charlieu	**36** B1	
Charly-sur-Marne	**18** A1	
Charmes	**20** B2	
Charny	**18** A3	
Charny-sur-Meuse	**10** A3	

Charolles	**29** C3	
Chârost	**27** D2	
Charquemont	**31** C1	
Charroux	**33** D1	
La Chartre-sur-le-Loir	**16** A3	
Chartres	**17** C2	
Chasseneuil-sur-Bonnieure	**33** D2	
La Châtaigneraie	**25** C3	
Château-Arnoux-St-Auban	**46** A3	
Château-Chinon	**29** C3	
Le Château-d'Oléron	**32** B2	
Château-du-Loir	**26** A1	
Château-Gontier	**15** C3	
Château-la-Vallière	**26** A1	
Château-Landon	**17** D3	
Château-Porcien	**9** C2	
Château-Queyras	**46** B1	
Château-Regnault	**9** D2	
Château-Renard	**18** A3	
Château-Renault	**26** B1	
Château-Salins	**20** B1	
Château-Thierry	**8** B3	
Châteaubourg	**14** B2	
Châteaubriant	**14** B3	
Châteaudun	**16** B3	
Châteaugiron	**14** B3	
Châteaulin	**12** B2	
Châteaumeillant	**27** D3	
Châteauneuf-de-Randon	**44** A2	
Châteauneuf-d'Ille-et-Vilaine	**14** A1	
Châteauneuf-du-Faou	**12** B2	
Châteauneuf-du-Pape	**45** C3	
Châteauneuf-en-Thymerais	**16** B1	
Châteauneuf-la-Forêt	**34** B2	
Châteauneuf-les-Bains	**35** D1	
Châteauneuf-sur-Charente	**33** D2	
Châteauneuf-sur-Cher	**27** D2	
Châteauneuf-sur-Loire	**17** D3	
Châteauneuf-sur-Sarthe	**25** D1	
Châteauponsac	**34** B1	
Châteaurenard	**45** C3	
Châteauroux	**27** C3	
Châteauvillain	**19** D3	
Châtel	**38** B1	
Châtel-Montagne	**36** A1	
Châtel-sur-Moselle	**20** B2	
Châtelaillon-Plage	**32** B1	
Le Châtelard	**38** A2	
Châtelaudren	**13** D1	
Châteldon	**36** A1	
Le Châtelet	**27** D3	
Le Châtelet-en-Brie	**18** A2	
Châtelguyon	**35** D2	
Châtellerault	**26** A3	
Châtelus-Malvaleix	**35** C1	
Châtenois	**20** A2	
Châtillon-Coligny	**18** A3	
Châtillon-en-Bazois	**28** B2	
Châtillon-en-Diois	**45** D1	
Châtillon-sur-Chalaronne	**37** C1	
Châtillon-sur-Indre	**26** B2	
Châtillon-sur-Loire	**28** A1	
Châtillon-sur-Marne	**8** B3	
Châtillon-sur-Seine	**19** C3	
La Châtre	**27** D3	
Chaudes-Aigues	**43** D1	
Chauffailles	**36** B1	
Chaufour-lès-Bonnières	**16** B1	
Chaulnes	**8** A2	
Chaumergy	**30** A2	
Chaumont	**19** D3	
Chaumont-en-Vexin	**7** D3	
Chaumont-sur-Loire	**26** B1	
Chauny	**8** A2	
Chausey (Iles)	**4** B3	
Chaussin	**30** A2	
Chauvigny	**26** B3	
Chazelles-sur-Lyon	**37** C2	
Chef-Boutonne	**33** D1	
Chemillé	**25** C2	
Chemin	**30** A2	
Chénérailles	**35** C1	
Chenonceaux	**26** B1	
Cherbourg-Octeville	**4** B1	
Chéroy	**18** A2	
Le Chesne	**9** D2	
Chevagnes	**28** B3	
Chevillon	**19** D2	
Chèvre (Cap de la)	**12** A2	
Chevreuse	**17** C1	
Le Cheylard	**45** C1	
La Chèze	**13** D2	
Chinon	**26** A2	
Chioula (Col de)	**51** C3	
Cholet	**25** C2	
Chorges	**46** B2	
Cians (Gorges du)	**47** C3	
Cintegabelle	**50** B1	
La Ciotat	**54** A2	
Cirey-sur-Vezouze	**21** C1	
Civray	**33** D1	
Clairvaux-les-Lacs	**30** B3	
Clamecy	**28** B1	
Claye-Souilly	**17** D1	
La Clayette	**36** B1	
Clécy	**5** D3	
Clefmont	**20** A3	
Cléguérec	**13** D2	
Clelles	**46** A1	
Clères	**6** B2	
Clermont	**7** D3	
Clermont-en-Argonne	**9** D3	
Clermont-Ferrand	**35** D2	
Clermont-l'Hérault	**52** A2	
Clerval	**31** C1	
Cléry-St-André	**17** C3	
Clisson	**25** C2	
Cloyes-sur-le-Loir	**16** B3	
Cluny	**29** C3	
La Clusaz	**38** B1	
Cluses	**38** B1	
Cognac	**33** C2	
Cogolin	**54** B2	
Coligny	**30** A3	
Collinée	**13** D2	
Collioure	**57** D3	
Collobrières	**54** B2	
Collonges	**38** A1	
Collonges-la-Rouge	**42** B1	
Colmar	**21** C2	
Colmars	**46** B2	
Cologne	**50** A1	
Colombey-les-Belles	**20** A2	
Colombey-les-Deux-Églises	**19** D2	
Colombière (Col de la)	**38** B1	
Combe Laval	**45** D1	
Combeaufontaine	**20** A3	
Combloux	**38** B1	
Combourg	**14** B2	
Combronde	**36** A1	
Comines	**3** C1	
Commentry	**35** D1	
Commercy	**20** A1	
Compiègne	**8** A3	
Comps-sur-Artuby	**54** B1	
Concarneau	**12** B3	
Conches-en-Ouche	**16** B1	
Condat	**35** D3	
Condé-en-Brie	**18** B1	
Condé-sur-l'Escaut	**3** D2	
Condé-sur-Noireau	**5** D3	
Condom	**41** D3	
Condrieu	**37** C3	
Conflans-en-Jarnisy	**10** A3	
Confolens	**34** A1	
Conlie	**15** D3	

Conliège	30 A3	Courthézon	45 C3	**D**
Connerré	16 A3	La Courtine	35 C2	
Conques	43 C2	Courtomer	16 A1	Dabo	21 C1
Le Conquet	12 A2	Courville-sur-Eure	16 B2	Damazan	41 D2
Les Contamines-Montjoie	38 B2	Coussey	20 A2	Damelevières	20 B1
Contres	27 C1	Coutances	4 B3	Damgan	22 B3
Contrexéville	20 A2	Coutras	41 C1	Dammartin-en-Goële	8 A3
Conty	7 D2	La Couvertoirade	44 A3	Dampierre	30 A2
Coray	12 B2	Cozes	32 B2	Dampierre-sur-Salon	30 A1
Corbeil-Essonnes	17 D1	Craon	15 C3	Damville	16 B1
Corbie	3 C3	Craonne	8 B3	Damvillers	10 A3
Corbigny	28 B2	Craponne-sur-Arzon	36 B3	Dangé-St-Romain	26 B2
Corcieux	21 C2	La Crau	54 B2	Dannemarie	21 C3
Cordes-sur-Ciel	43 C3	Crécy-en-Ponthieu	2 B3	Daoulas	12 B2
Corlay	13 D2	Crécy-la-Chapelle	18 A1	Dargilan (Grotte de)	44 A3
Cormatin	29 D3	Crécy-sur-Serre	8 B2	Darney	20 A3
Cormeilles	6 A3	Creil	7 D3	Dax	40 B3
Cormery	26 B2	Crémieu	37 D2	Deauville	6 A3
Cormet de Roselend	38 B2	Créon	41 C1	Decazeville	43 C2
Cornimont	21 C3	Crépy-en-Valois	8 A3	Decize	28 B3
Cornus	44 A3	Crest	45 D1	Delle	31 C1
Corps	46 A1	Créteil	17 D1	Delme	20 B1
Corrèze	35 C3	Creully	5 D2	Demoiselles (Grotte des)	44 B3
Corte	55 D2	Le Creusot	29 C3	Denain	3 D2
Cosne-d'Allier	28 A3	Creutzwald	11 C3	Der-Chantecoq (Lac du)	19 C1
Cosne-sur-Loire	28 A1	Crèvecœur-le-Grand	7 D2	Derval	14 B3
Cossé-le-Vivien	15 C3	Criel-sur-Mer	2 A3	Descartes	26 B2
La Côte-St-André	37 D3	Criquetot-l'Esneval	6 A2	Desvres	2 B2
Cotignac	54 B1	Crocq	35 C2	Les Deux-Alpes	46 A1
Couches	29 D2	Le Croisic	22 B3	Die	45 D1
Coucy-le-Château-Auffrique	8 B2	La Croix-de-Fer (Col de)	38 B3	Dieppe	2 A3
Couhé	33 D1	Croix-Haute (Col de la)	46 A1	Dieulefit	45 D2
Couilly-Pont-aux-Dames	18 A1	La Croix-Valmer	54 B2	Dieulouard	20 A1
Couiza	51 C2	Le Crotoy	2 A3	Dieuze	20 B1
Coulanges-la-Vineuse	28 B1	Crozant	34 B1	Digne-les-Bains	46 B3
Coulanges-sur-Yonne	28 B1	Crozon	12 A2	Digoin	29 C3
Coulommiers	18 A1	Cruseilles	38 A1	Dijon	29 D1
Coulon	33 C1	Crussol (Château de)	45 C1	Dinan	14 A2
Coulonges-sur-l'Autize	25 D3	Cuers	54 B2	Dinard	4 B3
Couptrain	15 D2	Cuiseaux	30 A3	Dives-sur-Mer	5 D2
Cour-Cheverny	27 C1	Cuisery	29 D3	Divonne-les-Bains	30 B3
Courchevel	38 B3	Culan	27 D3	Dol-de-Bretagne	14 B1
Courçon	32 B1	Culoz	38 A2	Dole	30 A2
Cournon-d'Auvergne	36 A2	Cunault	25 D1	Domart-en-Ponthieu	2 B3
La Couronne	33 D2	Cunlhat	36 A2	Dombasle-sur-Meurthe	20 B1
Courpière	36 A2	La Cure	30 B3	Dôme (Puy de)	35 D2
Cours	36 B1	Cusset	36 A1	Domène	38 A3
Coursan	52 A3	Cysoing	3 D2	Domèvre-en-Haye	20 A1
Coursegoules	47 C3			Domfront	15 C1
Courseulles-sur-Mer	5 D2			Domme	42 A1
Courson-les-Carrières	28 B1			Dompaire	20 B2
Courtenay	18 A3			

Dompierre-sur-Besbre   **28** B3
Domrémy-la-Pucelle   **20** A2
Donges   **23** C3
Le Donjon   **36** B1
Donnemarie-Dontilly   **18** A2
Donon (Col du)   **21** C1
Donzenac   **34** B3
Donzère   **45** C2
Donzy   **28** A1
Le Dorat   **34** A1
Dordives   **18** A3
Dormans   **8** B3
Dornes   **28** B3
Dortan   **38** A1
Douai   **3** D2
Douarnenez   **12** B2
Doucier   **30** B3
Doudeville   **6** B2
Doué-la-Fontaine   **25** D2
Doulaincourt   **19** D2
Doulevant-le-Château   **19** D2
Doullens   **2** B3
Dourdan   **17** C2
Dourgne   **51** C1
Douvaine   **38** B1
Douvres-la-Délivrande   **5** D2
Dozulé   **6** A3
Draguignan   **54** B1
Dreux   **16** B1
Droué   **16** B3
Drulingen   **21** C1
Drusenheim   **21** D1
Ducey   **14** B1
Duclair   **6** B2
Duingt   **38** A2
Dun-le-Palestel   **34** B1
Dun-sur-Auron   **28** A2
Dunkerque   **3** C1
Duras   **41** D1
Durban-Corbières   **51** D2
Durtal   **25** D1

E

Eaux-Bonnes   **49** C2
Eauze   **41** D3
Ébreuil   **36** A1
Les Écharmeaux   **37** C1
Les échelles   **38** A3
Écommoy   **16** A3
Écos   **7** C3

Écouché   **5** D3
Écueillé   **27** C2
Égletons   **35** C3
Éguzon   **27** C2
Elbeuf   **6** B3
Elne   **57** D3
Éloyes   **20** B2
Elven   **13** D3
Embrun   **46** B2
Encausse-les-Thermes   **50** A2
Ennezat   **36** A2
Ensisheim   **21** D3
Entraygues-sur-Truyère   **43** D2
Entrevaux   **47** C3
Envermeu   **2** A3
Épernay   **9** C3
Épernon   **17** C1
Épinac   **29** D2
Épinal   **20** B2
L'épine   **19** C1
Erbalunga   **55** D1
Ermenonville   **8** A3
Ernée   **15** C2
Erquy   **4** A3
Erstein   **21** D2
Ervy-le-Châtel   **18** B3
L'Escarène   **47** D3
Espalion   **43** D2
Espelette   **48** A1
Les Essarts   **25** C3
Essoyes   **19** C3
Estagel   **51** D3
Estaing   **43** D2
Estaires   **3** C2
Esternay   **18** B1
Estissac   **18** B2
Estrées-St-Denis   **8** A3
Étables-sur-Mer   **13** D1
Étain   **10** A3
Étampes   **17** D2
Étang-sur-Arroux   **29** C2
Étaples   **2** A2
Étel   **13** C3
Étrépagny   **7** C3
Étretat   **6** A2
Eu   **2** A3
Eugénie-les-Bains   **49** C1
Évaux-les-Bains   **35** D1
Évian-les-Bains   **31** C3
Évisa   **55** D2
Évran   **14** A2
Évrecy   **5** D2

Évreux   **6** B3
Évron   **15** D2
Évry   **17** D1
Excideuil   **34** A3
Exmes   **16** A1
Eyguières   **53** C2
Eygurande   **35** D2
Eymet   **41** D1
Eymoutiers   **34** B2
Les Eyzies-de-Tayac   **42** A1
Éze   **47** D3

F

Facture   **40** B1
Falaise   **5** D3
Fanjeaux   **51** C2
Le Faou   **12** B2
Le Faouët   **13** C3
La Faucille (Col de)   **30** B3
Faucogney-et-la-Mer   **20** B3
Faulquemont   **11** C3
Fauquembergues   **2** B2
Fauville-en-Caux   **6** B2
Faverges   **38** B2
Faverney   **20** B3
Fay-sur-Lignon   **44** B1
Fayence   **55** C1
Fayl-Billot   **20** A3
Fécamp   **6** A2
La Féclaz   **38** A2
Felletin   **35** C2
Fénétrange   **21** C1
Fer à Cheval (Cirque du)   **38** B1
La Fère   **8** B2
Fère-Champenoise   **18** B1
Fère-en-Tardenois   **8** B3
Ferney-Voltaire   **38** A1
Ferrette   **31** D1
Ferrières-en-Gâtinais   **18** A3
La Ferté-Alais   **17** D2
La Ferté-Bernard   **16** A2
La Ferté-Frênel   **16** A1
La Ferté-Gaucher   **18** A1
La Ferté-Macé   **15** D1
La Ferté-Milon   **8** A3
La Ferté-sous-Jouarre   **18** A1
La Ferté-St-Aubin   **27** D1
La Ferté-Vidame   **16** B1
Festre (Col du)   **46** A1
Feurs   **36** B2

Feyzin	**37** C2	Frangy	**38** A1	Gentioux	**35** C2
Figeac	**43** C2	Fréhel (Cap)	**4** A3	Gérardmer	**21** C2
Firminy	**36** B3	Fréjus	**55** C1	Gerbéviller	**20** B2
Fismes	**8** B3	Fréjus (Tunnel du)	**38** B3	Gerbier de Jonc (Mont)	**44** B1
Flaine	**38** B1	Frêne (Col du)	**38** A2	Les Gets	**38** B1
La Flèche	**15** D3	Fresnay-sur-Sarthe	**15** D2	Gevrey-Chambertin	**29** D2
Fleckenstein (Château de)	**11** D3	Fresne-St-Mamès	**30** B1	Gex	**38** A1
Flers	**5** D3	Fresnes-en-Woëvre	**10** A3	Ghisonaccia	**55** D3
Fleurance	**42** A3	Frévent	**2** B3	Ghisoni	**55** D2
Fleury-en-Bière	**17** D2	Freyming-Merlebach	**11** C3	Giat	**35** D2
Fleury-sur-Andelle	**7** C3	Froissy	**7** D2	Gien	**28** A1
Flixecourt	**2** B3	Fromentine	**24** A2	Giens	**54** B2
Flize	**9** D2	Frontenay-Rohan-Rohan	**33** C1	Gignac	**52** A2
Flogny-la-Chapelle	**18** B3	Frontignan	**52** B2	Gimont	**50** A1
Florac	**44** A2	Fronton	**42** B3	Giromagny	**21** C3
Florensac	**52** A2	Frouard	**20** B1	Gisors	**7** C3
Flumet	**38** B2	Fruges	**2** B2	Givet	**9** D1
Foix	**50** B2	Fumay	**9** D1	Givors	**37** C2
Le Folgoët	**12** B1	Fumel	**42** A2	Givry	**29** D3
Font-Romeu-Odeillo-Via	**51** C3			Givry-en-Argonne	**19** D1
Fontaine	**21** C3			Glandon (Col du)	**38** A3
Fontaine-de-Vaucluse	**45** D3	**G**		Glénan (Iles de)	**12** B3
Fontaine-Française	**30** A1			Goderville	**6** A2
Fontaine-le-Dun	**6** B2	Gabarret	**41** C3	Golfe-Juan	**55** C1
Fontainebleau	**17** D2	Gacé	**16** A1	Goncelin	**38** A3
Fontenay (Abbaye de)	**29** C1	La Gacilly	**14** A3	Gondrecourt-le-Château	**20** A2
Fontenay-le-Comte	**25** C3	Gaillac	**43** C3	Gordes	**45** D3
Fontenay-Trésigny	**18** A1	Gaillon	**7** C3	Gorron	**15** C2
Fontevraud-l'Abbaye	**26** A2	Galan	**49** D2	Gouarec	**13** C2
Fontfroide (Abbaye de)	**51** C3	Galibier (Col du)	**38** B3	Goumois	**31** C1
Fontgombault	**26** B3	Gallardon	**17** C2	Gourdon	**42** B1
Fontoy	**10** B3	Gallargues-le-Montueux	**52** B2	Gourin	**13** C2
Fontvieille	**53** C2	Gamaches	**2** A3	Gournay-en-Bray	**7** C2
Forbach	**11** C3	Ganges	**44** B3	Gouzon	**35** C1
Forcalquier	**46** A3	Gannat	**36** A1	Graçay	**27** C2
Forges-les-Eaux	**7** C2	Gap	**46** A2	Gramat	**42** B1
Formerie	**7** C2	Garabit (Viaduc de)	**44** A1	Grancey-le-Château	**29** D1
Fort-Mahon-Plage	**2** A2	Gardanne	**54** A1	Grand Bois ou de la	
Fos	**50** A2	La Garde-Freinet	**54** B1	République (Col du)	**37** C3
Fos-sur-Mer	**53** D2	Gargilesse-Dampierre	**27** C3	Le Grand-Bornand	**38** B1
Le Fossat	**50** B2	Garlin	**49** C1	Le Grand-Bourg	**34** B1
Fouesnant	**12** B3	Gavarnie	**49** D3	Grand-Champ	**13** D3
Foug	**20** A1	Gavray	**5** C3	Grand Colombier	**38** A2
Fougères	**15** C2	Geaune	**49** C1	La Grand-Combe	**44** B2
Fougerolles	**20** B3	Gemeaux	**30** A1	Grand-Couronne	**6** B3
Fouras	**32** B1	Gémenos	**54** A2	La Grand-Croix	**37** C3
Fourchambault	**28** A2	Gémozac	**33** C2	Grand-Fougeray	**14** B3
Fourmies	**9** C1	Gençay	**33** D1	Le Grand-Lemps	**37** D3
Fournels	**44** A1	Génissiat (Barrage de)	**38** A1	Le Grand-Lucé	**16** A3
Fours	**28** B3	Genlis	**30** A2	Le Grand-Pressigny	**26** B2
Le Fousseret	**50** A2	Gennes	**25** D1	Le Grand-Serre	**37** D3
Fraize	**21** C2	Génolhac	**44** B2	Grandcamp-Maisy	**5** C2

La Grande-Motte	**52** B2	Guingamp	**13** D1	Heyrieux	**37** D2
Grandpré	**9** D3	Guipavas	**12** B2	Hiersac	**33** D2
Grandrieu	**44** A1	Guiscard	**8** A2	Hirsingue	**31** D1
Grandval (Barrage de)	**43** D1	Guise	**3** D3	Hirson	**9** C1
Grandvilliers	**7** D2	Guîtres	**41** C1	Hochfelden	**21** D1
Granges-sur-Vologne	**21** C2	Gujan-Mestras	**40** B1	Hohneck	**21** C3
Granier (Col du)	**38** A3	Guzet-Neige	**50** B3	Le Hohwald	**21** C2
Granville	**4** B3	Gy	**30** B1	Hondschoote	**3** C1
Grasse	**55** C1			Honfleur	**6** A3
Le Grau-du-Roi	**52** B2			Hornoy	**7** D2
Graulhet	**51** C1	**H**		Hossegor	**48** A1
La Grave	**38** B3			Les Houches	**38** B1
Grave (Pointe de)	**32** B2	Habsheim	**21** D3	Houdain	**3** C2
Gravelines	**2** B1	Hagetmau	**49** C1	Houdan	**17** C1
Gray	**30** A1	Hagondange	**10** B3	Houeillès	**41** D2
Grenade	**42** B3	Haguenau	**21** D1	Houlgate	**6** A3
Grenade-sur-l'Adour	**41** C3	Hallencourt	**2** B3	Hourtin	**32** B3
Grenoble	**38** A3	Halluin	**3** D1	Hucqueliers	**2** B2
Gréoux-les-Bains	**46** A3	Ham	**8** A2	Huelgoat	**13** C2
Gresse-en-Vercors	**45** D1	Hambye (Abbaye de)	**5** C3	Hunspach	**11** D3
Grésy-sur-Isère	**38** B2	Hardelot-Plage	**2** A2	Huriel	**35** D1
Grez-en-Bouère	**15** C3	Haroué	**20** B2	Hyères	**54** B2
Grignan	**45** C2	Hasparren	**48** A1		
Grignols	**41** C2	Haubourdin	**3** C2		
Grimaud	**54** B2	Haut-Kœnigsbourg		**I**	
Grimone (Col de)	**46** A1	(Château du)	**21** C2		
Gris-Nez (Cap)	**2** A1	Hautecombe (Abbaye de)	**38** A2	If (Château d')	**53** D2
Grisolles	**42** B3	Hautefort	**34** A3	L'Ile-Bouchard	**26** A2
Groix	**22** A2	Hauteville-Lompnes	**37** D1	L'Ile-Rousse	**55** D2
Grostenquin	**11** C3	Hautmont	**8** B1	Ille-sur-Têt	**51** D3
Grouin (Pointe du)	**4** B3	Le Havre	**6** A2	Illhaeusern	**21** D2
Gruissan	**52** A3	Hayange	**10** B3	Illiers-Combray	**16** B2
Guebwiller	**21** C3	La Haye-du-Puits	**4** B2	Imphy	**28** B2
Guémené-Penfao	**23** C2	La Haye-Pesnel	**5** C3	Ingrandes	**25** C1
Guémené-sur-Scorff	**13** C3	Hazebrouck	**3** C1	Ingwiller	**21** D1
Guer	**14** A3	Héas	**49** D3	Is-sur-Tille	**29** D1
Guérande	**23** C3	Hédé	**14** B2	Iseran (Col de l')	**39** C3
La Guerche-de-Bretagne	**14** B3	Hendaye	**48** A1	L'Isle-Adam	**7** D3
La Guerche-sur-l'Aubois	**28** A2	Hénin-Beaumont	**3** C2	L'Isle-d'Abeau	**37** D2
Guéret	**35** C1	Hennebont	**13** C3	L'Isle-de-Noé	**49** D1
Guérigny	**28** B2	Henrichemont	**27** D1	L'Isle-en-Dodon	**50** A2
Guerlédan (Lac de)	**13** D2	Herbault	**26** B1	L'Isle-Jourdain (Gers)	**50** A1
Guéthary	**48** A1	Les Herbiers	**25** C2	L'Isle-Jourdain (Vienne)	**34** A1
Gueugnon	**29** C3	Herbignac	**23** C3	L'Isle-sur-la-Sorgue	**45** D3
Guichen	**14** B3	Héricourt	**31** C1	L'Isle-sur-le-Doubs	**31** C1
Guignes	**18** A1	Hérisson	**28** A3	L'Isle-sur-Serein	**29** C1
Guillaumes	**47** C3	Hérisson (Cascades du)	**30** B3	Isola 2000	**47** C2
Guillestre	**46** B1	L'Hermenault	**25** C3	Les Issambres	**55** C1
Guillon	**29** C1	Herment	**35** D2	Issigeac	**41** D1
Guilvinec	**12** B3	Hesdin	**2** B2	Issoire	**36** A2
Guimiliau	**12** B1	Hettange-Grande	**10** B3	Issoudun	**27** D2
Guînes	**2** B1	Heuchin	**2** B2	Issy-l'Évêque	**29** C3

Istres **53** D2
Ivry-la-Bataille **17** C1
Izernore **37** D1
Izoard (Col d') **46** B1

J

Jaligny-sur-Besbre **36** A1
Janville **17** C2
Janzé **14** B3
Jard-sur-Mer **24** B3
Jargeau **17** D3
Jarnac **33** C2
Jarnages **35** C1
Jarny **10** A3
Jau (Col de) **51** C3
Jaunay-Clan **26** A3
Jausiers **46** B2
La Javie **46** B2
Javron **15** D2
Jegun **41** D3
Jeumont **9** C1
Jobourg (Nez de) **4** B1
Joigny **18** A3
Joinville **19** D2
Jonzac **33** C3
Josselin **13** D3
Jouarre **18** A1
Joué-lès-Tours **26** B1
Jougne **31** C3
Joyeuse **44** B2
Juan-les-Pins **55** C1
Jugon-les-Lacs **14** A2
Juillac **34** B3
Jullouville **4** B3
Jumeaux **36** A3
Jumièges **6** B3
Jumilhac-le-Grand **34** A3
Juniville **9** C3
Jussey **20** A3
Juvigny-le-Tertre **5** C3
Juvigny-sous-Andaine **15** D1
Juzennecourt **19** D2

K

Kaysersberg **21** C2
Kembs **21** D3
Kernascléden **13** C3

L

Labastide-Murat **42** B1
Labastide-Rouairoux **51** D1
Labouheyre **40** B2
Labouret (Col du) **46** B2
Labrit **41** C3
Labruguière **51** C1
Lacanau **40** B1
Lacanau-Océan **40** B1
Lacapelle-Marival **43** C1
Lacaune **51** D1
Lacq **49** C1
Laferté-sur-Amance **20** A3
Laffrey **46** A1
Lafrançaise **42** A3
Lagnieu **37** D2
Lagny-sur-Marne **17** D1
Lagrasse **51** D2
Laguépie **43** C3
Laguiole **43** D1
Laignes **19** C3
Laissac **43** D2
Lalbenque **42** B2
Lalinde **42** A1
Lalouvesc **37** C3
Lamalou-les-Bains **52** A2
Lamarche **20** A3
Lamarque **32** B3
Lamastre **45** C1
Lamballe **13** D2
Lambesc **53** D2
Lamotte-Beuvron **27** D1
Lampaul **12** A1
Lamure-sur-Azergues **37** C1
Landerneau **12** B2
Landévennec **12** B2
Landivisiau **12** B1
Landivy **15** C2
Landrecies **3** D3
Langeac **36** A3
Langeais **26** A1
Langogne **44** B1
Langon **41** C2
Langres **19** D3
Langrune-sur-Mer **5** D2
Lanmeur **13** C1
Lannemezan **49** D2
Lannilis **12** A1
Lannion **13** C1
Lanouaille **34** A3

Lans-en-Vercors **38** A3
Lanslebourg-Mont-Cenis **39** C3
Lanta **50** B1
Lantosque **47** C3
Lanvollon **13** D1
Laon **8** B2
Lapalisse **36** A1
Lapleau **35** C3
Laplume **41** D3
Lapoutroie **21** C2
Laragne-Montéglin **46** A2
Larche (Alpes-de-Haute-
  Provence) **47** C2
Larche (Col de) **47** C2
Larche (Corrèze) **34** B3
Largentière **44** B2
Larmor-Plage **13** C3
Laroque-d'Olmes **51** C2
Laroque-Timbaut **42** A2
Laroquebrou **43** C1
Laruns **49** C2
Lasalle **44** B3
Lascaux (Grotte de) **42** A1
Lassay-les-Châteaux **15** D2
Lassigny **8** A2
Latour-de-France **51** D3
Latronquière **43** C1
Laurière **34** B1
Lautaret (Col du) **38** B3
Lautrec **51** C1
Lauzerte **42** A3
Le Lauzet-Ubaye **46** B2
Lauzun **41** D2
Laval **15** C3
Le Lavandou **54** B2
Lavardac **41** D3
Lavaur **51** C1
Lavelanet **51** C2
Lavéra **53** D2
Lavit-de-Lomagne **42** A3
Lavoûte-Chilhac **36** A3
La Léchère **38** B2
Les Lecques **54** A2
Lectoure **41** D3
Lédignan **44** B3
Legé **24** B2
Léguevin **50** B1
Lembach **11** D3
Lembeye **49** C1
Lempdes-sur-Allagnon **36** A3
Lencloître **26** A3
Lens **3** C2

Léon	40 A3	Locminé	13 D3	Lury-sur-Arnon	27 D2
Léoncel	45 D1	Locquirec	13 C1	Lusignan	26 A3
Léré	28 A1	Locronan	12 B2	Lusigny-sur-Barse	19 C2
Lescar	49 C1	Loctudy	12 B3	Lussac	41 C1
Lescun	49 C2	Lodève	52 A2	Lussac-les-Châteaux	26 B3
Lesneven	12 B1	Loiron	15 C3	Lussan	45 C3
Lesparre-Médoc	32 B3	Lombez	50 A1	Lutzelbourg	21 C1
Lessay	4	Londinières	7 C2	Luxeuil-les-Bains	20 B3
Lestelle-Bétharram	49 C2	Longeau	19 D3	Luynes	26 A1
Levant (Ile du)	54 B2	Longny-au-Perche	16 A2	Luz-St-Sauveur	49 D2
Levens	47 C3	Longué	25 D1	Luzarches	7 D3
Levet	27 D2	Longueville-sur-Scie	6 B2	Luzech	42 B2
Levie	55 D3	Longuyon	10 A2	Luzy	29 C3
Levier	30 B2	Longwy	10 A2	Lyon	37 C2
Levroux	27 C2	Lons-le-Saunier	30 A3	Lyons-la-Forêt	7 C3
Lézardrieux	13 D1	Lorgues	54 B1	
Lézat-sur-Lèze	50 B2	Lorient	13 C3	
Lezay	33 C1	Loriol-sur-Drôme	45 C1	**M**
Lézignan-Corbières	51 D2	Lormes	28 B1	
Lezoux	36 A2	Le Loroux-Bottereau	23 D3	Machault	9 C3
Libourne	41 C1	Lorquin	21 C1	Machecoul	24 B2
Liernais	29 C2	Lorrez-le-Bocage	18 A2	La Machine	28 B2
Lieurey	6 A3	Lorris	17 D3	Mâcon	37 C1
Liévin	3 C2	Loudéac	13 D2	Madeleine (Col de la)	38 B3
Liffol-le-Grand	20 A2	Loudes	36 B3	Maël-Carhaix	13 C2
Liffré	14 B2	Loudun	26 A2	Magnac-Laval	34 A1
Lignières	27 D3	Loué	15 D3	Magny-en-Vexin	7 C3
Ligny-en-Barrois	19 D1	La Loue (Source de)	30 B2	Maîche	31 C1
Ligny-le-Châtel	18 B3	Louhans	30 A3	Maignelay-Montigny	7 D2
Ligueil	26 B2	Loulay	33 C1	Maillezais	25 C3
Lille	3 C2	La Loupe	16 B2	Mailly-le-Camp	19 C1
Lillebonne	6 B2	Lourdes	49 D2	Maintenon	17 C1
Lillers	3 C2	Le Louroux-Béconnais	25 C1	Maison-Neuve	19 C2
Limoges	34 B2	Louviers	6 B3	Maizières-lès-Metz	10 B3
Limogne-en-Quercy	42 B2	Louvigné-du-Désert	15 C2	Malaucène	45 D3
Limonest	37 C2	Lozère (Mont)	44 B2	Malbuisson	30 B2
Limours-en-Hurepoix	17 C1	Lubersac	34 B3	La Malène	44 A2
Limoux	51 C2	Le Luc	54 B1	Malesherbes	17 C2
Le Lion-d'Angers	25 D1	Luc-en-Diois	45 D1	Malestroit	14 A3
Lion-sur-Mer	5 D2	Luc-sur-Mer	5 D2	Malicorne-sur-Sarthe	15 D3
Le Lioran	35 D3	Lucenay-l'Évêque	29 C2	Malo-les-Bains	3 C1
Lisieux	6 A3	Luçon	25 C3	Le Malzieu-Ville	44 A1
Lisle-sur-Tarn	42 B3	Le Lude	26 A1	Mamers	16 A2
Lison (Source du)	30 B2	Luère (Col de la)	37 C2	Mandelieu-la-Napoule	55 C1
Lit-et-Mixe	40 A3	Lumbres	2 B2	Manosque	46 A3
Livarot	16 A1	Lunas	52 A2	Le Mans	16 A3
Liverdun	20 A1	Lunel	52 B2	Mansle	33 D2
Livernon	42 B2	Lunéville	20 B1	Mantes-la-Jolie	17 C1
Livron-sur-Drôme	45 C1	Lurbe-St-Christau	49 C2	Manzat	35 D2
Lizy-sur-Ourcq	18 A1	Lurcy-Lévis	28 A3	Marans	32 B1
Loches	26 B2	Lure	20 B3	Marchaux	30 B1
Locmariaquer	22 B2	Luri	55 D1	Marchenoir	16 B3

Marchiennes	3 D2	
Marciac	49 D1	
Marcigny	36 B1	
Marcillac-Vallon	43 C2	
Marcillat-en-Combraille	35 D1	
Marcilly-le-Hayer	18 B2	
Marckolsheim	21 D2	
Marcoule	45 C3	
Marennes	32 B2	
Mareuil	33 D3	
Mareuil-sur-Lay	25 C3	
Marguerittes	45 C3	
Marignane	53 D2	
Marigny	5 C2	
Marigny-le-Châtel	18 B2	
Marines	7 D3	
Maringues	36 A2	
Le Markstein	21 C3	
Marle	8 B2	
Marmande	41 D2	
Marmoutier	21 C1	
Marnay	30 A1	
Marolles-les-Braults	16 A2	
Marquion	3 D3	
Marquise	2 B1	
Mars-la-Tour	10 A3	
Marseillan	52 A2	
Marseille	53 D2	
Marseille-en-Beauvaisis	7 D2	
Martel	42 B1	
Marthon	33 D2	
Martigné-Ferchaud	14 B3	
Martigny-les-Bains	20 A2	
Martigues	53 D2	
Marvejols	44 A2	
Mas-Cabardès	51 D1	
Le Mas-d'Agenais	41 D2	
Le Mas-d'Azil	50 B2	
Masevaux	21 C3	
Massat	50 B2	
Le Massegros	44 A2	
Masseube	50 A1	
Massiac	36 A3	
Les Matelles	52 B1	
Matha	33 C2	
Matignon	14 A1	
Matour	37 C1	
Maubeuge	9 C1	
Maubourguet	49 D1	
Maubuisson	32 B3	
Mauguio	52 B2	
Mauléon	25 C2	
Mauléon-Barousse	50 A2	
Mauléon-Licharre	48 B2	
Maure (Col de)	46 B2	
Maure-de-Bretagne	14 A3	
Mauriac	35 C3	
Mauron	14 A2	
Maurs	43 C1	
Mauvezin	50 A1	
Mauzé-sur-le-Mignon	33 C1	
Mayenne	15 C2	
Mayet	16 A3	
Le Mayet-de-Montagne	36 A1	
Mazagran	9 D3	
Mazamet	51 D1	
Mazères	50 B2	
Mazières-en-Gâtine	25 D3	
Meaux	18 A1	
Médous (Grotte de)	49 D2	
Les Mées	46 A3	
Megève	38 B2	
Mehun-sur-Yèvre	27 D2	
Meillant	27 D3	
Le Mêle-sur-Sarthe	16 A2	
Mélisey	20 B3	
Melle	33 C1	
Melun	17 D2	
Menat	35 D1	
Mende	44 A2	
Menée (Col de)	46 A1	
Ménez-Hom	12 B2	
Ménigoute	25 D3	
Mennetou-sur-Cher	27 C2	
Mens	46 A1	
Menthon-St-Bernard	38 A2	
Menton	47 D3	
Les Menuires	38 B3	
Mer	27 C1	
Mercœur	43 C1	
Merdrignac	14 A2	
Méréville	17 C2	
Méribel	38 B3	
Mérignac	40 B1	
Le Merlerault	16 A1	
Mers-les-Bains	2 A3	
Merville	3 C2	
Merville-Franceville-Plage	5 D2	
Méry-sur-Seine	18 B2	
Meschers-sur-Gironde	32 B2	
Meslay-du-Maine	15 C3	
Messei	5 D3	
Mesvres	29 C2	
Metz	10 B3	
Metzervisse	10 B3	
Meulan	17 C1	
Meung-sur-Loire	17 C3	
Meursault	29 D2	
Meximieux	37 D2	
Meymac	35 C2	
Meyrand (Col de)	44 B2	
Meyrueis	44 A3	
Meyzieu	37 D2	
Mèze	52 B2	
Mézel	46 B3	
Mézenc (Mont)	44 B1	
Mézidon	5 D3	
Mézières-en-Brenne	26 B3	
Mézières-sur-Issoire	34 A1	
Mézin	41 D3	
Midi de Bigorre (Pic du)	49 D2	
Miélan	49 D1	
Migennes	18 B3	
Mijoux	30 B3	
Millas	51 D3	
Millau	43 D3	
Milly-la-Forêt	17 D2	
Mimizan	40 A2	
Mimizan-Plage	40 A2	
Mindin	23 C3	
Mionnay	37 C2	
Miramar	55 C1	
Miramas	53 D2	
Mirambeau	33 C3	
Miramont-de-Guyenne	41 D2	
Mirande	49 D1	
Mirebeau	26 A3	
Mirebeau-sur-Bèze	30 A1	
Mirecourt	20 B2	
Mirepoix	51 C2	
Miribel	37 C2	
Modane	38 B3	
Moëlan-sur-Mer	13 C3	
Moirans	37 D3	
Moirans-en-Montagne	30 B3	
Moisdon-la-Rivière	23 D2	
Moissac	42 A3	
Molène (Ile)	12 A2	
Molières	42 B3	
Molitg-les-Bains	51 D3	
Molliens-Dreuil	2 B3	
Molsheim	21 D1	
Mon Idée	9 C2	
Le Monastier-sur-Gazeille	44 B1	
Monbazillac	41 D1	

Monclar-de-Quercy	42 B3
Moncontour (Côtes-d'Armor)	13 D2
Moncontour (Vienne)	26 A2
Moncoutant	25 D3
Mondoubleau	16 B3
Mondragon	45 C2
Monein	49 C1
Monestier-de-Clermont	46 A1
Monestiés	43 C2
Le Monêtier-les-Bains	46 B1
Monflanquin	42 A2
Monistrol-d'Allier	44 A1
Monistrol-sur-Loire	36 B3
Monpazier	42 A2
Monségur	41 D1
Monsols	37 C1
Mont Blanc (Tunnel du)	38 B1
Mont-Cenis (Col du)	39 C3
Mont-de-Marsan	41 C3
Le Mont-Dore	35 D2
Mont-Louis	51 C3
Mont-sous-Vaudrey	30 A2
Le Mont-St-Michel	4 B3
Mont-St-Vincent	29 D3
Montagnac	52 B2
Montagrier	33 D3
Montaigu	25 C2
Montaigu-de-Quercy	42 A2
Montaigut	35 D1
Montalieu-Vercieu	37 D2
Montalivet-les-Bains	32 B3
Montargis	17 D3
Montastruc-la-Conseillère	50 B1
Montauban	42 B3
Montauban-de-Bretagne	14 A2
Montbard	29 C1
Montbazens	43 C2
Montbazon	26 B1
Montbéliard	31 C1
Montbenoît	31 C2
Montbozon	30 B1
Montbrison	36 B2
Montbron	33 D2
Montceau-les-Mines	29 C3
Montcenis	29 C3
Montchanin	29 D3
Montcornet	9 C2
Montcuq	42 A2
Montdidier	8 A2
Montebourg	5 C2
Montech	42 A3
Montélimar	45 C2
Montendre	33 C3
Montereau-Fault-Yonne	18 A2
Montesquieu-Volvestre	50 B2
Montesquiou	49 D1
Le Montet	28 A3
Montets (Col des)	39 C1
Montfaucon-d'Argonne	9 D3
Montfaucon-en-Velay	36 B3
Montfaucon-Montigné	25 C2
Montfort-en-Chalosse	48 B1
Montfort-l'Amaury	17 C1
Montfort-sur-Meu	14 A2
Montfort-sur-Risle	6 B3
Montgaillard	50 B2
Montgenèvre	46 B1
Montgiscard	50 B1
Montguyon	33 C3
Monthermé	9 D1
Monthois	9 D3
Monthureux-sur-Saône	20 A3
Montier-en-Der	19 D2
Montignac	42 A1
Montigny-le-Roi	20 A3
Montigny-sur-Aube	19 D3
Montivilliers	6 A2
Montjean-sur-Loire	25 C1
Montlhéry	17 D1
Montlieu-la-Garde	33 C3
Montlouis-sur-Loire	26 B1
Montluçon	35 D1
Montluel	37 D2
Montmarault	35 D1
Montmartin-sur-Mer	4 B3
Montmédy	10 A2
Montmélian	38 A2
Montmirail (Marne)	18 B1
Montmirail (Sarthe)	16 B3
Montmirey-le-Château	30 A2
Montmoreau-St-Cybard	33 D3
Montmorillon	26 B3
Montmort	18 B1
Montoire-sur-le-Loir	16 B3
Montpellier	52 B2
Montpellier-le-Vieux (Chaos de)	44 A3
Montpezat-de-Quercy	42 B2
Montpezat-sous-Bauzon	44 B1
Montpon-Ménestérol	41 D1
Montpont-en-Bresse	30 A3
Montréal (Aude)	51 C2
Montréal (Gers)	41 D3
Montréal-la-Cluse	37 D1
Montredon-Labessonnié	51 D1
Montréjeau	50 A2
Montrésor	26 B2
Montret	30 A3
Montreuil	2 B2
Montreuil-Bellay	25 D2
Montrevault	25 C1
Montrevel-en-Bresse	37 D1
Montrichard	26 B1
Montrond-les-Bains	36 B2
Monts-sur-Guesnes	26 A2
Montsalvy	43 D1
Montsauche-les-Settons	29 C2
Montsûrs	15 C2
Morcenx	40 B3
Mordelles	14 A3
Morée	16 B3
Morestel	37 D2
Moret-sur-Loing	18 A2
Moreuil	7 D2
Morez	30 B3
Morgat	12 A2
Morhange	20 B1
Morlaàs	49 C1
Morlaix	13 C1
Mormant	18 A1
Mormoiron	45 D3
Mornant	37 C2
Morosaglia	55 D2
Mortagne-au-Perche	16 A2
Mortagne-sur-Gironde	32 B3
Mortagne-sur-Sèvre	25 C2
Mortain	5 C3
Morteau	31 C2
Mortrée	15 D1
Morzine	38 B1
La Mothe-Achard	24 B3
La Mothe-St-Héray	33 C1
La Motte-Chalancon	45 D2
La Motte-du-Caire	46 A2
Mouchard	30 B2
Mougins	55 C1
Mouilleron-en-Pareds	25 C3
Moulins	28 B3
Moulins-Engilbert	28 B2
Moulins-la-Marche	16 A1
Moult	5 D3
Mourenx	49 C1
Mourmelon-le-Grand	9 C3
Moustiers-Ste-Marie	46 B3
Mouthe	30 B3
Mouthier-Haute-Pierre	30 B2

Mouthoumet	51 D2	
Moûtiers	38 B2	
Moutiers-les-Mauxfaits	24 B3	
Mouy	7 D3	
Mouzon	9 D2	
Moyenneville	2 B3	
Mugron	40 B3	
Mulhouse	21 C3	
Munster	21 C3	
Mur-de-Barrez	43 D1	
Mur-de-Bretagne	13 D2	
Murat	35 D3	
Murat-sur-Vèbre	51 D1	
Murato	55 D2	
La Mure	46 A1	
Muret	50 B1	
Muro	55 D2	
Murol	35 D2	
Murviel-lès-Béziers	52 A2	
Mussidan	41 D1	
Mussy-sur-Seine	19 C3	
Le Muy	54 B1	
Muzillac	22 B2	

N

Nailloux	50 B1	
Najac	43 C3	
Nancy	20 B1	
Nangis	18 A2	
Nant	44 A3	
Nanterre	17 D1	
Nantes	23 D3	
Nanteuil-le-Haudouin	8 A3	
Nantiat	34 A1	
Nantua	37 D1	
La Napoule	55 C1	
Narbonne	52 A3	
Narbonne-Plage	52 A3	
Nasbinals	43 D1	
Naucelle	43 C3	
Naussac (Barrage de)	44 B1	
Navacelles (Cirque de)	44 A3	
Navarrenx	48 B1	
Nay	49 C2	
Nègrepelisse	42 B3	
Nemours	17 D2	
Nérac	41 D3	
Néris-les-Bains	35 D1	
Néronde	36 B2	
Nérondes	28 A2	

Nesle	8 A2	
Le Neubourg	6 B3	
Neuf-Brisach	21 D3	
Neufchâteau	20 A2	
Neufchâtel-en-Bray	7 C2	
Neufchâtel-sur-Aisne	9 C3	
Neuillé-Pont-Pierre	26 A1	
Neuilly-en-Thelle	7 D3	
Neuilly-le-Réal	28 B3	
Neuilly-l'évêque	20 A3	
Neuilly-St-Front	8 B3	
Neung-sur-Beuvron	27 C1	
La Neuve-Lyre	16 A1	
Neuves-Maisons	20 B1	
Neuvic (Corrèze)	35 C3	
Neuvic (Dordogne)	33 D3	
Neuville-aux-Bois	17 C3	
Neuville-de-Poitou	26 A3	
Neuville-sur-Saône	37 C2	
Neuvy-le-Roi	26 B1	
Neuvy-St-Sépulchre	27 C3	
Neuvy-sur-Barangeon	27 D1	
Névache	38 B3	
Nevers	28 A2	
Nexon	34 A2	
Niaux (Grotte de)	50 B3	
Nice	47 C3	
Niederbronn-les-Bains	11 D3	
Nieul	34 A2	
Nîmes	45 C3	
Niort	33 C1	
Nitry	29 C1	
Noailles	7 D3	
Nœux-les-Mines	3 C2	
Nogaro	41 C3	
Nogent	19 D3	
Nogent-le-Roi	17 C1	
Nogent-le-Rotrou	16 B2	
Nogent-sur-Seine	18 B2	
Noirétable	36 B2	
Noirmoutier-en-l'Ile	24 A2	
Nolay	29 D2	
Nomeny	20 B1	
Nomexy	20 B2	
Nonancourt	16 B1	
Nonant-le-Pin	16 A1	
Nontron	34 A2	
Nonza	55 D1	
Norrent-Fontes	3 C2	
Nort-sur-Erdre	23 D3	
Notre-Dame-de-Bellecombe	38 B2	

Nouan-le-Fuzelier	27 D1	
Nouvion-en-Ponthieu	2 B3	
Le Nouvion-en-Thiérache	8 B1	
Nouzonville	9 D2	
Noves	45 C3	
Novion-Porcien	9 C2	
Noyant	26 A1	
Noyers	29 C1	
Noyers-sur-Jabron	46 A2	
Noyon	8 A2	
Nozay	23 D3	
Nuits-St-Georges	29 D2	
Nyons	45 D2	

O

Oberhaslach	21 C1	
Obernai	21 D2	
Objat	34 B3	
Offranville	2 A3	
Oisemont	2 B3	
Olargues	51 D1	
Oléron (Ile d')	32 B2	
Oletta	55 D2	
Olette	51 C3	
Olivet	17 C3	
Les Ollières-sur-Eyrieux	45 C1	
Olliergues	36 A2	
Ollioules	54 A2	
Olmeto	55 D3	
Olonzac	51 D2	
Oloron-Ste-Marie	49 C2	
Onesse-et-Laharie	40 B3	
Onzain	26 B1	
Oradour-sur-Glane	34 A2	
Oradour-sur-Vayres	34 A2	
Oraison	46 A3	
Orange	45 C3	
Orbec	6 A3	
Orbey	21 C2	
Orchies	3 D2	
Orcières	46 B1	
Orcival	35 D2	
Orgelet	30 A3	
Orgères-en-Beauce	17 C3	
Orgnac (Aven d')	45 C2	
Orgon	45 D3	
Origny-Ste-Benoite	8 B2	
Orléans	17 C3	
Orly	17 D1	
Ornans	30 B2	

Orpierre 46 A2
Orsay 17 D1
Orthez 48 B1
Ossun 49 D2
Ottmarsheim 21 D3
Oucques 16 B3
Ouistreham 5 D2
Oulchy-le-Château 8 B3
Ourville-en-Caux 6 B2
Oust 50 B3
Ouzouer-le-Marché 17 C3
Ouzouer-sur-Loire 17 D3
Oxocelhaya et Isturits
(Grottes d') 48 B1
Oyonnax 38 A1

P

La Pacaudière 36 B1
Pacy-sur-Eure 16 B1
Padirac (Gouffre de) 42 B1
Pagny-sur-Moselle 10 B3
Paimbœuf 23 C3
Paimpol 13 D1
Paladru 37 D3
Le Palais 22 A3
Palaiseau 17 D1
Palavas-les-Flots 52 B2
Palinges 29 C3
La Pallice 32 B1
Palluau 24 B2
Pamiers 50 B2
Paramé 4 B3
Paray-le-Monial 29 C3
Parentis-en-Born 40 B2
Paris 17 D1
Parthenay 25 D3
Pas-en-Artois 3 C3
Passais 15 C2
Patay 17 C3
Pau 49 C1
Pauillac 32 B3
Paulhaguet 36 A3
Pavilly 6 B2
Payrac 42 B1
Le Péage-de-Roussillon 37 C3
Pech Merle (Grotte du) 42 B2
Peïra-Cava 47 D3
Pellegrue 41 D1
Le Pellerin 23 D3
Pélussin 37 C3

Pénestin 22 B3
Penhir (Pointe de) 12 A2
Penne-d'Agenais 42 A2
Percy 5 C3
Périers 5 C2
Périgueux 34 A3
Pernes-les-Fontaines 45 D3
Péronne 3 C3
Pérouges 37 D2
Perpignan 51 D3
Perreux 13 C1
Perros-Guirec 13 C1
Le Perthus 57 D3
Pertuis 54 A1
Pervenchères 16 A2
Pesmes 30 A1
Petit St-Bernard (Col du) 39 C2
La Petite-Pierre 21 C1
Petite-Rosselle 11 C3
Petreto-Bicchisano 55 D3
Peyrat-le-Château 34 B2
Peyrehorade 48 B1
Peyresourde (Col de) 49 D3
Peyriac-Minervois 51 D2
Peyrol (Pas de) 35 D3
Peyrolles-en-Provence 54 A1
Peyruis 46 A3
Pézenas 52 A2
Phalsbourg 21 C1
Piana 55 C2
Picquigny 2 B3
Piedicroce 55 D2
Piennes 10 A3
Pierre-Buffière 34 B2
Pierre-de-Bresse 30 A2
Pierrefitte-Nestalas 49 D2
Pierrefitte-sur-Aire 19 D1
Pierrefonds 8 A3
Pierrefontaine-les-Varans 31 C1
Pierrefort 43 D1
Pierrelatte 45 C2
Les Pieux 4 B1
Pilat (Mont) 37 C3
Pilat-Plage 40 B1
Piney 19 C2
Pino 55 D1
Pinols 35 D1
Pionsat 14 A3
Pipriac 22 B3
Piriac-sur-Mer 22 B3
Pissos 40 B2
Pithiviers 17 D3

Plabennec 12 B1
La Plagne 38 B2
Plaisance 49 D1
Les Planches-en-Montagne 30 B3
Plancoët 14 A1
Plateau-d'Assy 38 B1
Pleaux 35 C3
Pleine-Fougères 14 B1
Plélan-le-Grand 14 A3
Plélan-le-Petit 14 A2
Pléneuf-Val-André 13 D1
Plestin-les-Grèves 13 C1
Pleumartin 26 B3
Pleumeur-Bodou 13 C1
Pleyben 12 B2
Ploemeur 13 C3
Ploërmel 14 A3
Plœuc-sur-Lié 13 D2
Plombières-les-Bains 20 B3
Plonéour-Lanvern 12 B3
Plouagat 13 D1
Plouaret 13 C1
Plouay 13 C3
Ploubalay 14 A1
Ploudalmézeau 12 A1
Plouescat 12 B1
Plougasnou 13 C1
Plougastel-Daoulas 12 B2
Plougonven 13 C1
Plouguenast 13 D2
Plouha 13 D1
Plouigneau 13 C1
Ploumanach 13 C1
Plouzévédé 12 B1
Pluvigner 13 D3
Podensac 41 C1
Le Poiré-sur-Vie 24 B3
Poissons 19 D2
Poitiers 26 A3
Poix-de-Picardie 7 D2
Poix-Terron 9 D2
Poligny 30 A2
Poncin 37 D1
Pons 33 C2
Pont-à-Marcq 3 D2
Pont-à-Mousson 20 A1
Pont-Audemer 6 A3
Pont-Aven 13 C3
Pont-Croix 12 A2
Pont-d'Ain 37 D1
Le Pont-de-Beauvoisin 38 A2
Pont-de-Chéruy 37 D2

Renwez	**9** D2	
La Réole	**41** C2	
Réquista	**43** D3	
Rethel	**9** C2	
Retiers	**14** B3	
Retournac	**36** B3	
Reuilly	**27** D2	
Revard (Mont)	**38** A2	
Revel	**51** C1	
Revigny-sur-Ornain	**19** D1	
Revin	**9** D1	
Rhinau	**21** D2	
Riaillé	**23** D3	
Rians	**54** A1	
Ribeauvillé	**21** C2	
Ribécourt	**8** A2	
Ribemont	**8** B2	
Ribérac	**33** D3	
Ribiers	**46** A2	
Les Riceys	**19** C3	
Richelieu	**26** A2	
Riec-sur-Belon	**13** C3	
Rieumes	**50** B1	
Rieupeyroux	**43** C2	
Rieux	**50** B2	
Riez	**46** A3	
Rignac	**43** C2	
Riom	**36** A2	
Riom-ès-Montagnes	**35** D3	
Rioz	**30** B1	
Riquewihr	**21** C2	
Riscle	**49** D1	
Rive-de-Gier	**37** C2	
Rives	**37** D3	
Rivesaltes	**51** D3	
La Rivière-Thibouville	**6** B3	
Roanne	**36** B1	
Rocamadour	**42** B1	
La Roche-Bernard	**23** C3	
La Roche-Canillac	**35** C3	
La Roche-Chalais	**33** D3	
La Roche-Derrien	**13** C1	
La Roche-Guyon	**7** C3	
La Roche-Posay	**26** B3	
La Roche-sur-Foron	**38** B1	
La Roche-sur-Yon	**24** B3	
Rochebonne (Château de)	**45** C1	
Rochechouart	**34** A2	
Rochefort	**32** B1	
Rochefort-en-Terre	**14** A3	
Rochefort-Montagne	**35** D2	
Rochefort-sur-Nenon	**30** A2	
La Rochefoucauld	**33** D2	
La Rochelle	**32** B1	
Rochemaure	**45** C2	
La Rochepot	**29** D2	
Rocheservière	**24** B2	
La Rochette	**38** A3	
Rocroi	**9** C1	
Rodez	**43** D2	
Rogliano	**55** D1	
Rohan	**13** D3	
Rohrbach-lès-Bitche	**11** D3	
Roisel	**3** D3	
Roissy-en-France	**17** D1	
Romans-sur-Isère	**45** D1	
Rombas	**10** B3	
Romilly-sur-Seine	**18** B2	
Romorantin-Lanthenay	**27** C1	
Ronce-les-Bains	**32** B2	
Ronchamp	**20** B3	
La Roque-Gageac	**42** A1	
Roquebillière	**47** C3	
Roquebrun	**52** A2	
Roquebrune-Cap-Martin	**47** D3	
La Roquebrussanne	**54** A1	
Roquecourbe	**51** C1	
Roquefort	**41** C3	
Roquefort-sur-Soulzon	**43** D3	
Roquemaure	**45** C2	
Roquesteron	**47** C3	
Roquevaire	**54** A1	
Rosans	**45** D2	
Roscoff	**12** B1	
Rosheim	**21** D1	
La Rosière-1850	**38** B2	
Rosières-en-Santerre	**8** A2	
Les Rosiers-sur-Loire	**25** D1	
Rosporden	**12** B3	
Rostrenen	**13** C2	
Rothéneuf	**4** B3	
Roubaix	**3** D2	
Rouen	**6** B3	
Rouffach	**21** C3	
Rougé	**14** B3	
Rougemont	**30** B1	
Rougemont-le-Château	**21** C3	
Rouillac	**33** D2	
Roujan	**52** A2	
Roulans	**30** B1	
Les Rousses	**30** B3	
Rousset (Col de)	**45** D1	
Royan	**32** B2	
Royat	**35** D2	
Roybon	**37** D3	
Roye	**8** A2	
Royère-de-Vassivière	**35** C2	
Rozay-en-Brie	**18** A1	
Le Rozier	**44** A3	
Rozoy-sur-Serre	**9** C2	
Rue	**2** A3	
Ruelle-sur-Touvre	**33** D2	
Ruffec	**33** D1	
Ruffieux	**38** A2	
Rugles	**16** A1	
Rumengol	**12** B2	
Rumigny	**9** C2	
Rumilly	**38** A2	
Ruoms	**45** C2	
Rupt-sur-Moselle	**20** B3	
Le Russey	**31** C2	
Ruynes-en-Margeride	**44** A1	

S

Saales	**21** C2	
Sablé-sur-Sarthe	**15** D3	
Les Sables-d'Olonne	**24** B3	
Sables-d'Or-les-Pins	**4** A3	
Sabres	**40** B3	
Saillagouse	**51** C2	
Saillans	**45** D1	
Sains-du-Nord	**9** C1	
Sains-Richaumont	**8** B2	
St-Affrique	**43** D3	
St-Agnant	**32** B2	
St-Agrève	**45** C1	
St-Aignan	**27** C2	
St-Aignan-sur-Roë	**15** C3	
St-Alban-sur-Limagnole	**44** A1	
St-Amand-en-Puisaye	**28** A1	
St-Amand-les-Eaux	**3** D2	
St-Amand-Longpré	**26** B1	
St-Amand-Montrond	**27** D3	
St-Amans	**44** A1	
St-Amans-des-Cots	**43** D1	
St-Amans-Soult	**51** D1	
St-Amant-Roche-Savine	**36** A2	
St-Amant-Tallende	**36** A2	
St-Amarin	**21** C3	
St-Ambroix	**44** B2	
St-Amé	**20** B3	
St-Amour	**30** A3	
St-André-de-Cubzac	**41** C1	
St-André-de-l'Eure	**16** B1	

St-André-de-Valborgne	44	A3
St-André-les-Alpes	46	B3
St-Anthème	36	B2
St-Antonin-Noble-Val	42	B3
St-Arnoult-en-Yvelines	17	C2
St-Astier	33	D3
St-Auban	46	B3
St-Aubin-d'Aubigné	14	B2
St-Aubin-du-Cormier	14	B2
St-Aubin-sur-Mer	5	D2
St-Aulaye	33	D3
St-Avold	11	C3
St-Aygulf	55	C1
St-Béat	50	A2
St-Beauzély	43	D3
St-Benin-d'Azy	28	B2
St-Benoît-du-Sault	27	C3
St-Benoît-sur-Loire	17	D3
St-Bertrand-de-Comminges	50	A2
St-Blin	20	A2
St-Bonnet-de-Joux	29	D3
St-Bonnet-en-Champsaur	46	A1
St-Bonnet-le-Château	36	B3
St-Brevin-les-Pins	23	C3
St-Briac-sur-Mer	4	A3
St-Brice-en-Coglès	14	B2
St-Brieuc	13	D2
St-Calais	16	A3
St-Cast-le-Guildo	4	A3
St-Céré	43	C1
St-Cernin	43	C1
St-Chamas	53	D2
St-Chamond	37	C3
St-Chély-d'Apcher	44	A1
St-Chély-d'Aubrac	43	D2
St-Chinian	57	D1
St-Ciers-sur-Gironde	33	C3
St-Cirq-Lapopie	42	B2
St-Clair-sur-l'Elle	5	C2
St-Clar	42	A3
St-Claud	33	D2
St-Claude	30	B3
St-Cyprien	42	A1
St-Cyprien-Plage	57	D3
St-Denis	17	D1
St-Denis-d'Oléron	32	A1
St-Denis-d'Orques	15	D3
St-Didier-en-Velay	36	B3
St-Dié-des-Vosges	21	C2
St-Dier-d'Auvergne	36	A2
St-Dizier	19	D1
St-Donat-sur-l'Herbasse	37	D3
St-Éloy-les-Mines	35	D1
St-Émilion	41	C1
St-Étienne	37	C3
St-Étienne-Cantalès (Barrage de)	43	C1
St-Étienne-de-Baïgorry	48	A2
St-Étienne-de-Lugdarès	44	B1
St-Étienne-de-Montluc	23	D3
St-Étienne-de-St-Geoirs	37	D3
St-Étienne-de-Tinée	47	C2
St-Étienne-en-Dévoluy	46	A1
St-Étienne-les-Orgues	46	A3
St-Fargeau	28	A1
St-Félicien	37	C3
St-Firmin	46	A1
St-Florent	55	D2
St-Florent-le-Vieil	25	C1
St-Florent-sur-Cher	27	D2
St-Florentin	18	B3
St-Flour	43	D1
St-François-Longchamp	38	B3
St-Fulgent	25	C2
St-Galmier	36	B2
St-Gaudens	50	A2
St-Gaultier	27	C3
St-Genest-Malifaux	37	C3
St-Gengoux-le-National	29	D3
St-Geniez-d'Olt	43	D2
St-Genis-de-Saintonge	33	C3
St-Genis-Laval	37	C2
St-Genix-sur-Guiers	38	A2
St-Geoire-en-Valdaine	38	A3
St-Georges-de-Didonne	32	B2
St-Georges-en-Couzan	36	B2
St-Georges-sur-Loire	25	C1
St-Germain-de-Calberte	44	B2
St-Germain-des-Fossés	36	A1
St-Germain-du-Bois	30	A3
St-Germain-du-Plain	29	D3
St-Germain-du-Teil	44	A2
St-Germain-en-Laye	17	C1
St-Germain-Laval	36	B2
St-Germain-Lembron	36	A3
St-Germain-les-Belles	34	B2
St-Germain-l'Herm	36	A3
St-Gervais-d'Auvergne	35	D1
St-Gervais-les-Bains	38	B1
St-Gervais-les-Trois-Clochers	26	A2
St-Gervais-sur-Mare	52	A2
St-Géry	42	B2
St-Gildas (Pointe de)	23	C3
St-Gildas-de-Rhuys	22	B3
St-Gildas-des-Bois	23	C3
St-Gilles	53	C2
St-Gilles-Croix-de-Vie	24	B3
St-Gingolph	31	C3
St-Girons	50	B2
St-Girons-Plage	40	A3
St-Gobain	8	B2
St-Guénolé	12	B3
St-Guilhem-le-Désert	52	A1
St-Haon-le-Châtel	36	B1
St-Herblain	23	D3
St-Hilaire	51	C2
St-Hilaire-de-Riez	24	B3
St-Hilaire-de-Villefranche	33	C2
St-Hilaire-des-Loges	25	D3
St-Hilaire-du-Harcouët	15	C1
St-Hippolyte	31	C1
St-Hippolyte-du-Fort	44	B3
St-Honoré-les-Bains	29	C2
St-Jacques-de-la-Lande	14	B2
St-Jacut-de-la-Mer	14	A1
St-James	14	B2
St-Jean-Brévelay	13	D3
St-Jean-Cap-Ferrat	47	D3
St-Jean-d'Angély	33	C1
St-Jean-de-Bournay	37	D2
St-Jean-de-Daye	5	C2
St-Jean-de-Losne	30	A2
St-Jean-de-Luz	48	A1
St-Jean-de-Maurienne	38	B3
St-Jean-de-Monts	24	A2
St-Jean-du-Bruel	44	A3
St-Jean-du-Gard	44	B3
St-Jean-en-Royans	45	D1
St-Jean-Pied-de-Port	48	B2
St-Jeoire	38	B1
St-Jouin-de-Marnes	25	D2
St-Juéry	43	C3
St-Julien	30	A3
St-Julien-Chapteuil	44	B1
St-Julien-de-Vouvantes	23	D3
St-Julien-du-Sault	18	A3
St-Julien-en-Genevois	38	A1
St-Julien-l'Ars	26	A3
St-Junien	34	A2
St-Just-en-Chaussée	7	D2
St-Just-en-Chevalet	36	B2
St-Just-St-Rambert	36	B3
St-Justin	41	C3
St-Lary-Soulan	49	D3
St-Laurent-de-Chamousset	37	C2

St-Laurent-de-la-Salanque	**57** D2	
St-Laurent-du-Pont	**38** A3	
St-Laurent-en-Grandvaux	**30** B3	
St-Laurent-les-Bains	**44** B2	
St-Laurent-Médoc	**32** B3	
St-Laurent-sur-Gorre	**34** A2	
St-Laurent-sur-Mer	**5** C2	
St-Laurent-sur-Sèvre	**25** C2	
St-Léger-sous-Beuvray	**29** C2	
St-Léonard-de-Noblat	**34** B2	
St-Lô	**5** C2	
St-Louis	**31** D1	
St-Loup-Lamairé	**25** D3	
St-Loup-sur-Semouse	**20** B3	
St-Lunaire	**4** A3	
St-Lys	**50** B1	
St-Macaire	**41** C2	
St-Maixent-l'école	**25** D3	
St-Malo	**4** B3	
St-Malo-de-la-Lande	**4** B2	
St-Mamet-la-Salvetat	**43** C1	
St-Mandrier-sur-Mer	**54** A2	
St-Marcellin	**37** D3	
St-Mars-la-Jaille	**23** D3	
St-Martin-d'Auxigny	**27** D2	
St-Martin-de-Belleville	**38** B3	
St-Martin-de-Crau	**53** D2	
St-Martin-de-Londres	**44** B3	
St-Martin-de-Ré	**32** A1	
St-Martin-de-Seignanx	**48** A1	
St-Martin-de-Valamas	**45** C1	
St-Martin-du-Canigou (Abbaye de)	**51** D3	
St-Martin-en-Bresse	**29** D3	
St-Martin-Vésubie	**47** C3	
St-Martory	**50** A2	
St-Mathieu	**34** A2	
St-Mathieu (Pointe de)	**12** A2	
St-Maximin-la-Ste-Baume	**54** A1	
St-Médard-en-Jalles	**40** B1	
St-Méen-le-Grand	**14** A2	
St-Michel	**9** C1	
St-Michel-de-Maurienne	**38** B3	
St-Michel-en-Grève	**13** C1	
St-Michel-en-l'Herm	**25** C3	
St-Michel-Mont-Mercure	**25** C2	
St-Mihiel	**20** A1	
St-Nazaire	**23** C3	
St-Nectaire	**35** D2	
St-Nicolas-d'Aliermont	**2** A3	
St-Nicolas-de-la-Grave	**42** A3	
St-Nicolas-de-Port	**20** B1	
St-Nicolas-du-Pélem	**13** C2	
St-Omer	**2** B1	
St-Pair-sur-Mer	**4** B3	
St-Palais	**48** B1	
St-Palais-sur-Mer	**32** B2	
St-Pardoux-la-Rivière	**34** A3	
St-Paul	**47** C3	
St-Paul-Cap-de-Joux	**51** C1	
St-Paul-de-Fenouillet	**51** D3	
St-Paul-sur-Ubaye	**46** B2	
St-Paul-Trois-Châteaux	**45** C2	
St-Paulien	**36** B3	
St-Pé-de-Bigorre	**49** C2	
St-Pée-sur-Nivelle	**48** A1	
St-Péray	**45** C1	
St-Père-en-Retz	**23** C3	
St-Philbert-de-Grand-Lieu	**24** B2	
St-Pierre-d'Albigny	**38** A2	
St-Pierre-de-Chartreuse	**38** A3	
St-Pierre-de-Chignac	**34** A3	
St-Pierre-d'Oléron	**32** B1	
St-Pierre-Église	**5** C1	
St-Pierre-le-Moûtier	**28** A3	
St-Pierre-Quiberon	**22** A2	
St-Pierre-sur-Dives	**6** A3	
St-Pois	**5** C3	
St-Pol-de-Léon	**12** B1	
St-Pol-sur-Ternoise	**2** B2	
St-Pons-de-Thomières	**51** D1	
St-Porchaire	**32** B2	
St-Pourçain-sur-Sioule	**36** A1	
St-Privat	**35** C3	
St-Quay-Portrieux	**13** D1	
St-Quentin	**8** B2	
St-Rambert-d'Albon	**37** C3	
St-Rambert-en-Bugey	**37** D1	
St-Raphaël	**55** C1	
St-Rémy-de-Provence	**45** C3	
St-Rémy-sur-Durolle	**36** A2	
St-Renan	**12** A2	
St-Riquier	**2** B3	
St-Romain-de-Colbosc	**6** A2	
St-Rome-de-Tarn	**43** D3	
St-Saëns	**7** C2	
St-Satur	**28** A1	
St-Saulge	**28** B2	
St-Sauveur-en-Puisaye	**28** B1	
St-Sauveur-le-Vicomte	**4** B2	
St-Sauveur-Lendelin	**5** C2	
St-Sauveur-sur-Tinée	**47** C3	
St-Savin (Gironde)	**33** C3	
St-Savin (Vienne)	**26** B3	
St-Savinien	**33** C2	
St-Seine-l'Abbaye	**29** D1	
St-Sernin-sur-Rance	**43** D3	
St-Servan-sur-Mer	**4** B3	
St-Sever	**40** B3	
St-Sever-Calvados	**5** C3	
St-Sulpice-les-Feuilles	**34** B1	
St-Symphorien	**41** C2	
St-Symphorien-de-Lay	**36** B2	
St-Symphorien-d'Ozon	**37** C2	
St-Symphorien-sur-Coise	**37** C2	
St-Thégonnec	**12** B1	
St-Trivier-de-Courtes	**30** A3	
St-Trivier-sur-Moignans	**37** C1	
St-Trojan-les-Bains	**32** B2	
St-Tropez	**55** C1	
St-Vaast-la-Hougue	**5** C1	
St-Valery-en-Caux	**6** B2	
St-Valery-sur-Somme	**2** A3	
St-Vallier	**37** C3	
St-Vallier-de-Thiey	**47** C7	
St-Varent	**25** D2	
St-Vaury	**34** B1	
St-Véran	**47** C1	
St-Vincent-de-Tyrosse	**48** B1	
St-Vivien-de-Médoc	**32** B3	
St-Wandrille-Rançon	**6** B2	
St-Yorre	**36** A1	
St-Yrieix-la-Perche	**34** B3	
Ste-Adresse	**6** A2	
Ste-Anne-d'Auray	**13** D3	
La Ste-Baume	**54** A1	
Ste-Croix-du-Mont	**41** C2	
Ste-Croix-Volvestre	**50** B2	
Ste-Enimie	**44** A2	
Ste-Foy-la-Grande	**41** D1	
Ste-Foy-l'Argentière	**37** C2	
Ste-Geneviève-sur-Argence	**43** D1	
Ste-Hélène	**40** B1	
Ste-Hermine	**25** C3	
Ste-Livrade-sur-Lot	**41** D2	
Ste-Lucie-de-Tallano	**55** D3	
Ste-Marie-aux-Mines	**21** C2	
Ste-Marie-Sicché	**55** D3	
Ste-Maure-de-Touraine	**26** B2	
Ste-Maxime	**55** C1	
Ste-Menéhould	**9** D3	
Ste-Mère-église	**5** C2	
Ste-Odile (Mont)	**21** D2	
Ste-Sévère-sur-Indre	**27** D3	
Ste-Suzanne	**15** D3	
Ste-Tulle	**46** A3	

Saintes	33 C2	Saulx	20 B3	Sermaize-les-Bains	19 D1
Stes-Maries-de-la-Mer	53 C2	Saulxures-sur-Moselotte	21 C3	Serre-Ponçon	
Saissac	51 C1	Saumur	25 D2	(Barrage et Lac de)	46 B2
Salbris	27 D1	Sautet (Barrage du)	46 A1	Serres	46 A2
Salernes	54 B1	Sauve	44 B3	Serrières	37 C3
Salers	35 D3	Sauveterre-de-Béarn	48 B1	Servian	52 A2
Salies-de-Béarn	48 B1	Sauveterre-de-Guyenne	41 C1	Sète	52 B2
Salies-du-Salat	50 A2	Sauveterre-de-Rouergue	43 C2	Les Settons	29 C2
Salignac-Eyvigues	42 B1	Sauxillanges	36 A2	Seurre	30 A2
Salindres	44 B3	Le Sauze	46 B2	Sévérac-le-Château	43 D2
Salins-les-Bains	30 B2	Sauzé-Vaussais	33 D1	Sévrier	38 A2
Sallanches	38 B1	Sauzon	22 A3	Seyches	41 D2
Salles-Curan	43 D3	Savenay	23 C3	Seyne	46 B2
Salles-d'Aude	52 A3	Saverdun	50 B2	La Seyne-sur-Mer	54 A2
Salon-de-Provence	53 D2	Saverne	21 C1	Seyssel	38 A1
Salses-le-Château	51 D3	Savignac-les-églises	34 A3	Sézanne	18 B1
Salvagnac	42 B3	Savigny-sur-Braye	16 B3	Sierck-les-Bains	10 B2
La Salvetat-Peyralès	43 C3	Savine (Col de la)	30 B3	Sierentz	21 D3
La Salvetat-sur-Agout	51 D1	Savines-le-Lac	46 B2	Sigean	52 A3
Salviac	42 B1	Scaër	13 C3	Signy-l'Abbaye	9 C2
Samatan	50 A1	Scey-sur-Saône-et-St-Albin	20 A3	Sillé-le-Guillaume	15 D2
Samer	2 B2	Schirmeck	21 C2	Sissonne	8 B3
Samoëns	38 B1	Schlucht (Col de la)	21 C2	Sisteron	46 A2
Sanary-sur-Mer	54 A2	Seclin	3 C2	Six-Fours-les-Plages	54 A2
Sancergues	28 A2	Secondigny	25 D3	Sizun	12 B2
Sancerre	28 A1	Sedan	9 D2	Soccia	55 D2
Sancoins	28 A3	Séderon	45 D2	Sochaux	31 C1
Sancy (Puy de)	35 D3	Seebach	11 D3	Soissons	8 B3
Sanguinaires (Iles)	55 C3	Sées	16 A1	Solenzara	55 D3
Sanguinet	40 B2	Segonzac	33 C2	Solesmes (Nord)	3 D3
Santo-Pietro-di-Tenda	55 D2	Segré	15 C3	Solesmes (Sarthe)	15 D3
Saorge	47 D3	Seiches-sur-le-Loir	25 D1	Solignac	34 B2
Saramon	50 A1	Seignelay	18 B3	Solignac-sur-Loire	44 B1
Sarcelles	17 D1	Seilhac	34 B3	Solliès-Pont	54 B2
Sari-d'Orcino	55 D3	Sein (Ile de)	12 A2	Solre-le-Château	9 C1
Sarlat-la-Canéda	42 A1	Seissan	50 A1	Sombernon	29 D1
Sarralbe	11 C3	Sélestat	21 D2	Sommesous	19 C1
Sarrans (Barrage de)	43 D1	Selles-sur-Cher	27 C2	Sommières	44 B3
Sarre-Union	11 C3	Sellières	30 A2	Somport (Col du)	49 C3
Sarrebourg	21 C1	Selommes	16 B3	Songeons	7 C2
Sarreguemines	11 C3	Selongey	30 A1	Sore	41 C2
Sars-Poteries	9 C1	Seltz	21 D1	Sorgues	45 C3
Sartène	55 D3	Semur-en-Auxois	29 C1	Sospel	47 D3
Sartilly	4 B3	Semur-en-Brionnais	36 B1	Souesmes	27 C1
Sarzeau	22 B2	Sénas	53 D1	Soufflenheim	21 D1
Sassenage	38 A3	Senez	46 B3	Souillac	42 B1
Satillieu	37 C3	Senlis	8 A3	Souilly	10 A3
Satolas-et-Bonce	37 D2	Sennecey-le-Grand	29 D3	Soulac-sur-Mer	32 B2
Saugues	44 A1	Senonches	16 B2	Soulaines-Dhuys	19 C2
Saujon	32 B2	Senones	21 C2	Soultz-Haut-Rhin	21 C3
Saulieu	29 C1	Sens	18 A2	Soultz-sous-Forêts	11 D3
Sault	45 D3	Sépeaux	18 A3	Souppes-sur-Loing	17 D2

Sourdeval	**5** C3	
Sournia	**51** D3	
Sousceyrac	**43** C1	
Soustons	**40** A3	
La Souterraine	**34** B1	
Souvigny	**28** B3	
Spincourt	**10** A3	
Steenvoorde	**3** C1	
Stenay	**9** D2	
Strasbourg	**21** D1	
Suippes	**9** C3	
Sully-sur-Loire	**17** D3	
Super-Besse	**35** D3	
Surgères	**32** B1	
Survilliers	**7** D3	
La Suze-sur-Sarthe	**15** D3	

T

Tain-l'Hermitage	**37** C3
Tallard	**46** A2
Talloires	**38** A2
Talmont-St-Hilaire	**24** B3
Tancarville (Pont de)	**6** A2
Taninges	**38** B1
Tanlay	**19** C3
Tarare	**37** C2
Tarascon	**45** C3
Tarascon-sur-Ariège	**50** B3
Tarbes	**49** D2
Tardets-Sorholus	**48** B2
Targon	**41** C1
Tarnos	**48** A1
Tartas	**40** B3
Tassin-la-Demi-Lune	**37** C2
Taulé	**12** B2
Tauves	**35** D2
Tavaux	**30** A2
Tavernes	**54** A1
Le Teil	**45** C2
Le Teilleul	**15** C2
Tence	**36** B3
Tende	**47** D3
Tende (Col de)	**47** D2
Tergnier	**8** B2
Terrasson-Lavilledieu	**34** B3
Terrenoire	**37** C3
Tessy-sur-Vire	**5** C3
La Teste-de-Buch	**40** B1
Thann	**21** C3
Thaon-les-Vosges	**20** B2

Le Theil	**16** A2
Thénezay	**26** A3
Thenon	**34** A3
Théoule-sur-Mer	**55** C1
Thérouanne	**2** B2
Thèze	**49** C1
Thiaucourt-Regniéville	**20** A1
Thiberville	**6** A3
Thiéblemont-Farémont	**19** C1
Thiers	**36** A2
Le Thillot	**21** C3
Thionville	**10** B3
Thiviers	**34** A3
Thizy	**36** B1
Thoissey	**37** C1
Thollon-les-Mémises	**31** C3
Thônes	**38** B2
Thonon-les-Bains	**31** C3
Thorens-Glières	**38** B1
Thouarcé	**25** D1
Thouars	**25** D2
Thueyts	**44** B1
Thuir	**51** D3
Thury-Harcourt	**5** D3
Tiercé	**25** D1
Tignes	**39** C2
Tignes (Barrage de)	**39** C2
Tillières-sur-Avre	**16** B1
Tilly-sur-Seulles	**5** D2
Tinchebray	**5** D3
Tinténiac	**14** B2
Tombebœuf	**41** D2
Tonnay-Boutonne	**33** C1
Tonnay-Charente	**32** B1
Tonneins	**41** D2
Tonnerre	**18** B3
Torcy	**17** D1
Torigni-sur-Vire	**5** C3
Tôtes	**6** B2
Toucy	**18** A3
Toul	**20** A1
Toulon	**54** A2
Toulon-sur-Arroux	**29** C3
Toulouse	**50** B1
Le Touquet-Paris-Plage	**2** A2
La Tour-d'Auvergne	**35** D2
La Tour-du-Pin	**37** D2
La Tour-Fondue	**54** B2
Tourcoing	**3** D1
Tourmalet (Col du)	**49** D2
Tournan-en-Brie	**17** D1
Tournay	**49** D2

Tournoël (Château de)	**35** D2
Tournon-d'Agenais	**42** A2
Tournon-St-Martin	**26** B3
Tournon-sur-Rhône	**37** C3
Tournus	**29** D3
Tourouvre	**16** A1
Tours	**26** B1
Toury	**17** C2
La Toussuire	**38** B3
Toutes Aures (Col de)	**46** B3
Le Touvet	**38** A3
La Tranche-sur-Mer	**24** B3
Le Trayas	**55** C1
Trébeurden	**13** C1
Tréboul	**12** B2
Treffort	**37** D1
Trégastel	**13** C1
Tréguier	**13** C1
Treignac	**34** B2
Trélon	**9** C1
La Tremblade	**32** B2
Le Tréport	**2** A3
Trets	**54** A1
Trèves	**44** A3
Trévières	**5** C2
Trévoux	**37** C1
Triaucourt-en-Argonne	**19** D1
Trie-sur-Baïse	**49** D1
La Trimouille	**26** B3
La Trinité-Porhoët	**13** D3
La Trinité-sur-Mer	**22** B2
Troarn	**5** D2
Les Trois-épis	**21** C2
Les Trois-Moutiers	**26** A2
Troo	**16** A3
Trouville-sur-Mer	**6** A3
Troyes	**18** B2
Truchtersheim	**21** D1
Trun	**15** D1
Tuchan	**51** D2
Tuffé	**16** A3
Tulle	**34** B3
Tullins	**37** D3
La Turballe	**22** B3
La Turbie	**47** D3
Turckheim	**21** C2
Turriers	**46** B2

U

Uckange	10 B3
Ugine	38 B2
Urdos	49 C2
Urepel	48 A2
Uriage-les-Bains	38 A3
Ury	17 D2
Ussat	50 B3
Ussé	26 A2
Ussel	35 C2
Ustaritz	48 A1
Utelle	47 C3
Uzel	13 D2
Uzerche	34 B3
Uzès	45 C3

V

Vabre	51 D1
Vaiges	15 D3
Vailly-sur-Aisne	8 B3
Vailly-sur-Sauldre	28 A1
Vaison-la-Romaine	45 D2
Le Val-André	13 D1
Le Val-d'Ajol	20 B3
Val-de-Reuil	7 C3
Val-d'Isère	39 C2
Val-Thorens	38 B3
Valberg	47 C3
Valbonnais	46 A1
Valdahon	30 B2
Valderiès	43 C3
Valençay	27 C2
Valence	45 C1
Valence-d'Agen	42 A3
Valence-d'Albigeois	43 C3
Valence-sur-Baïse	41 D3
Valenciennes	3 D2
Valensole	46 A3
Valentigney	31 C1
Valgorge	44 B2
Valleraugue	44 A3
Vallet	23 D3
Valloire	38 B3
Vallon-en-Sully	28 A3
Vallon-Pont-d'Arc	45 C2
Vallorcine	39 C1
Vallouise	46 B1
Valmont	6 A2
Valmorel	38 B3

Valognes	4 B1
Valras-Plage	52 A3
Valréas	45 D2
Vals-les-Bains	45 C2
Vannes	22 B2
Les Vans	44 B2
Vaour	42 B3
Varades	25 C1
Varengeville-sur-Mer	6 B1
Varennes-en-Argonne	9 D3
Varennes-sur-Allier	36 A1
Varennes-sur-Amance	20 A3
Varilhes	50 B2
Vars	46 B1
Vars (Col de)	46 B2
Varzy	28 B1
Vassieux-en-Vercors	45 D1
Vassy	5 D3
Vatan	27 C2
Vaucouleurs	20 A1
Vauvert	53 C2
Vauvillers	20 B3
Vaux-le-Vicomte (Château de)	17 D2
Vayrac	42 B1
Vélines	41 D1
Venaco	55 D2
Venarey-les-Laumes	29 C1
Vence	47 C3
Vendeuvre-sur-Barse	19 C2
Vendôme	16 B3
Ventadour (Ruines de)	35 C3
Ventoux (Mont)	45 D3
Verberie	8 A3
Vercel-Villedieu-le-Camp	30 B2
Verde (Col de)	55 D3
Verdon (Grand Canyon du)	46 B3
Le Verdon-sur-Mer	32 B2
Verdun	10 A3
Verdun-sur-Garonne	42 A3
Verdun-sur-le-Doubs	29 D2
Vergio (Col de)	55 D2
Vergt	42 A1
Vermand	3 D3
Vermenton	28 B1
Vernet-les-Bains	51 D3
Verneuil-sur-Avre	16 B1
Vernon	7 C3
Vernoux-en-Vivarais	45 C1
Verny	10 B3
La Verpillière	37 D2
Versailles	17 D1

Verteillac	33 D3
Vertus	18 B1
Vervins	8 B2
Verzy	9 C3
Vescovato	55 D2
Vesoul	30 B1
Veules-les-Roses	6 B2
Veulettes-sur-Mer	6 B2
Veynes	46 A2
Veyre-Monton	36 A2
Veyrier-du-Lac	38 A2
Vézelay	28 B1
Vézelise	20 B2
Vézénobres	44 B3
Vézins-de-Lévézou	43 D2
Vezzani	55 D2
Vias	52 A2
Vibraye	16 A3
Vic-en-Bigorre	49 D1
Vic-Fezensac	41 D3
Vic-le-Comte	36 A2
Vic-sur-Aisne	8 A3
Vic-sur-Cère	43 D1
Vicdessos	50 B3
Vichy	36 A1
Vico	55 D2
Vidauban	54 B1
Vielle-Aure	49 D3
Vielmur-sur-Agout	51 C1
Vienne	37 C2
Vierzon	27 D2
Vieux-Boucau-les-Bains	40 A3
Vif	38 A3
Le Vigan	44 A3
Vigeois	34 B3
Les Vignes	44 A2
Vigneulles-lès-Hattonchâtel	10 A3
Vignory	19 D2
Vihiers	25 D2
Villaines-la-Juhel	15 D2
Villandraut	41 C2
Villandry	26 A1
Villard-de-Lans	37 D3
Villars-les-Dombes	37 D1
Villé	21 C2
Ville-en-Tardenois	8 B3
Ville-sur-Tourbe	9 D3
Villebois-Lavalette	33 D3
La Villedieu-du-Clain	26 A3
Villedieu-les-Poêles	5 C3

Légende

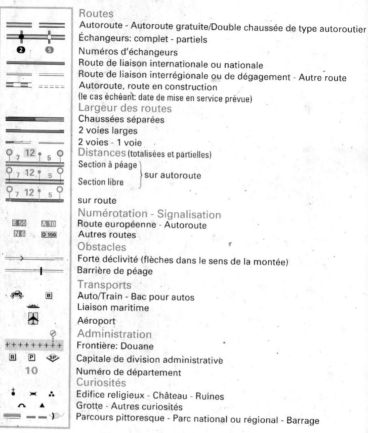

Routes

Autoroute - Autoroute gratuite/Double chaussée de type autoroutier
Échangeurs: complet - partiels
Numéros d'échangeurs
Route de liaison internationale ou nationale
Route de liaison interrégionale ou de dégagement - Autre route
Autoroute, route en construction
(le cas échéant: date de mise en service prévue)

Largeur des routes

Chaussées séparées
2 voies larges
2 voies - 1 voie
Distances (totalisées et partielles)

Section à péage }
sur autoroute
Section libre }

sur route

Numérotation - Signalisation

Route européenne - Autoroute
Autres routes

Obstacles

Forte déclivité (flèches dans le sens de la montée)
Barrière de péage

Transports

Auto/Train - Bac pour autos
Liaison maritime
Aéroport

Administration

Frontière: Douane
Capitale de division administrative
Numéro de département

Curiosités

Edifice religieux - Château - Ruines
Grotte - Autres curiosités
Parcours pittoresque - Parc national ou régional - Barrage

Dressée par la Manufacture Française des Pneumatiques MICHELIN
© MICHELIN et Cie, propriétaires-éditeurs, 2006
Sté en commandite par actions au capital de 304 000 000 EUR
R.C.S. Clermont-Ferrand B 855 200 507 - Place des Carmes-Déchaux 63 Clermont-Ferrand (France)
Imprimé en Italie - CANALE, Borgaro Torinese - DL : Novembre 2006